ANALECTA ORIENTALIA
COMMENTATIONES SCIENTIFICAE DE REBUS ORIENTIS ANTIQUI
22

BAYĀN MUŠKIL AL-AḤĀDĪṮ

DES

IBN FŪRAK

AUSWAHL NACH DEN HANDSCHRIFTEN
IN
LEIPZIG, LEIDEN, LONDON UND DEM VATIKAN

1941
PONTIFICIUM INSTITUTUM BIBLICUM
ROMA 2/4 PIAZZA PILOTTA 35

BAYĀN MUŠKIL AL-AḤĀDĪṮ

DES

IBN FŪRAK

AUSWAHL NACH DEN HANDSCHRIFTEN

IN

LEIPZIG, LEIDEN, LONDON UND DEM VATIKAN

VON

RAIMUND KÖBERT

1941

PONTIFICIUM INSTITUTUM BIBLICUM

ROMA 2/4 PIAZZA PILOTTA 35

PRINTED IN ITALY

Imprimatur: † Aloysius Traglia, Archiep. Caesarien. in Palaestina, *Vicesger.*

Scuola Tipografica Pio X — Via degli Etruschi, N. 7-9 — Roma — 20. II. 1941

VORWORT

Die vorliegende Auswahl aus dem *Bayān muškil al-aḥādīṯ* von Ibn Fūrak (st. 406) verdankt ihre Entstehung einer Anregung des Herrn Professor Levi Della Vida, Kustos der muslimisch-arabischen Handschriften an der Bibliotheca Vaticana. Da der Lehrer al-Qušairīs zweifellos zu den bedeutenden aš'aritischen Theologen zählt, schien es angebracht, gerade sein Werk über die Ḥadīṯe in Angriff zu nehmen. Bereits vor 12 Jahren schrieb H. Ritter [1]: 'Eine der wichtigsten erhaltenen Schriften, die sich diese Umdeutung anthropomorpher Hadithe zum Ziel setzen, ist das K. muškil al-āṯār des berühmten Aš'aristen und Gegners der Karrāmīye, Ibn Fūrak'.

Dass in dieser ersten Veröffentlichung über das Werk zunächst eine Auswahl geboten wird, dürfte verständlich erscheinen; denn eine solche ist geeignet, einen Gesamteindruck zu vermitteln und konnte fürs erste geleistet werden. Die prinzipiellen methodologischen Ausführungen des Muškil sind im ersten und dritten Abschnitt dieser Veröffentlichung ganz wiedergegeben. Der mittlere Teil enthält ein paar Proben aus der Einzelerklärung der schwer verständlichen Prophetenworte, die Aussagen über Gott enthalten, d. h. dem Hauptteil des Buches. Hoffentlich bietet sich dem Vf. bald die Möglichkeit, auch diesen Teil ganz zu erschiessen. Dazu müssten aber weitere Handschriften benützt werden können. Vat und Leipz, die im Augenblick für den Rest allein erreichbar sind, erlauben kein hinreichend sicheres Urteil über die Lesungen.

Wir legen den Text des ältesten der vier uns erreichbaren Manuskripte, des Kodex Leipzig vom Jahre 459 zugrunde, und geben im Apparat alle Abweichungen der Kodizes Leiden, Vatikan und London, sodass auch ihr Text ganz mitgeteilt ist. Näheres s. u. S. XXV.

Die Übersetzung schliesst sich an den Text des Kodex Leipzig an; Abweichungen, die nötig oder geraten schienen, sind jeweils vermerkt. Da es sich um einen ersten Versuch handelt, wird, von anderem abgesehen, die Wiedergabe noch an mancher Stelle unscharf geblieben sein. Allein die Übersetzung hätte schon ein gut Teil ihrer Aufgabe erfüllt, wenn sie die eine oder andere fördernde Kritik hervorriefe.

Es bleibt uns noch die liebe Pflicht, an dieser Stelle allen ein herzliches Wort des Dankes zu sagen, durch deren freundliche Hilfsbereitschaft diese Veröffentlichung möglich geworden ist, namentlich Herrn Prof. Levi Della Vida und dem hochwürdigsten P. Rektor Bea des P. Istituto Biblico für Rat und freigebige Unterstützung mit allen Hilfsmitteln, ferner P. A. Pohl, der die Aufnahme in die *Analecta Orientalia* möglich machte, meinem väterlichen Freund P. Edmond Ley-Homs [2] und den Verwaltungen der Bibliotheken und Handschriftensäle: der Vaticana, der R. Biblioteca Nazionale Centrale zu Rom, der Bibliothek des Legatum Warnerianum-Leiden, der Universitätsbibliothek-Leipzig, der Bibliothek des Britischen Museums-London und der Nationalbibliothek-Wien; vor allem aber der Bibliothek des P. Istituto Biblico.

Rom, 8. Dezember 1940. RAIMUND KÖBERT.

(1) *Philologica II. Der Islam* 17 (1928) 256.

(2) Die Feststellung der meisten Dichterzitate verdanke ich Herrn Prof. Dr. Bräunlich-Leipzig, der mir auch Hinweise zum richtigen Verständnis zukommen liess.

INHALTSVERZEICHNIS

SEITE

Vorwort v

Inhaltsverzeichnis vii

Vorbemerkungen:

1. Zum *Bayān muškil al-aḥādīṯ* xi
2. Zum Leben Ibn Fūraks xv
3. Benutzte Handschriften xx
4. Erklärung der Zeichen xxv

Übersetzung:

I. Methode und Prinzipien: 3

Basmala 3

Kap. 1. Die *aṣḥāb al-ḥadīṯ* und ihre Gegner 4

» 2. Die Stellung al-Auzāʿīs 7

» 3. Die Bedeutung des Koranverses 3, 5 8

» 4. Falsche Folgerungen aus den gegnerischen Ansichten 10

» 5. Frühere Literatur zum Thema 11

» 6. Vorauszuschickende Grundsätze 12

» 7. Gottes Unteilbarkeit und Unkörperlichkeit . . . 14

» 8. Die Erklärung der schwierigen Ḥadīṯe ist notwendig 20

» 9. Einteilung der Traditionen nach dem Isnād . . 21

» 10. Verpflichtende Kraft der Traditionen 23

II. Einzelerklärungen: 25

An allen Orten (*Fī kulli makān*) 25

Die Freude Gottes (*Faraḥ Allāh*) 28

Die Verwunderung Gottes (*ʿAǧab Allāh*) 31

Der Atem Gottes (*Nafas Allāh*). 34

Das Hauchen Gottes (*Nafḫ Allāh*) 36

III. Abschluss 38

Zusammenfassende Rechtfertigung der Erklärungsgrundsätze . 38

Namenverzeichnis 42

VORBEMERKUNGEN

1. – Zum Bayān muškil al-aḥādīṯ.

Der *Kitāb bayān muškil al-aḥādīṯ* (1) des Ustāḏ Abū Bakr Muḥammad ibn al-Ḥasan ibn Fūrak al-Anṣārī al-Iṣbahānī (2) (st. 406) dürfte das erste Werk aus der Schule al-Ašʿarīs sein, das der Erklärung der schwierigen Ḥadīṯe über Gott gewidmet ist. Denn die früheren Schriften dieser Art gehören der neuen theologischen Richtung noch nicht an. Zwei der drei von Ibn Fūrak benutzten Werke (3), das von Abdallāh ibn Muslim al-Qutaibī (4) und das von Muḥammad ibn Šugāʿ aṯ-Ṯalgī (5) liegen vor dem Auftreten al-Ašʿarīs. Das dritte von Abū l-Ḥasan ibn Mahdī verfasste ist zwar zeitgenössisch (‘neuerdings verfasst’); aber m. W. noch nicht wiedergefunden. Der *k. muškil al-āṯār* des Ḥanafiten aṭ-Ṭaḥāwī (6), den I. F. nicht erwähnt, steht ebenfalls ausserhalb der Schule.

Was aber auch abgesehen von diesem Grunde eine Beschäftigung mit dem Muškil nahelegt, ist die Tatsache, dass der Verfasser ein Denker von stark persönlicher Prägung ist, der bei aller Konservativität der Haltung mit dem, was er Interpretation (*taʾwīl*) nennt, in das Überkommene geistig einzudringen, seine Fülle zu erweisen und das Erbe der Väter im Ringen des Gedankens für die neuen Geschlechter neu zu erwerben sucht. Davon zeugen vor allem die Abschnitte mit den Erklärungen einzelner Ḥadīṯe, von denen fünf in Text und Übersetzung vorgelegt werden.

Wenn ein Ašʿarit, wie andere vor ihm, einen *bayān muškil al-aḥādīṯ* schrieb, so bedeutete sein Werk im Geiste seines Meisters für ihn doch etwas anderes als für die Früheren. Die weite Fülle der unter dem Namen des Propheten überkommenen Spruchüberlieferungen von Aussagen (*ṣifāt*) über Gott und seiner

(1) Der Titel ist nicht einheitlich überliefert. In den langen Überschriften der Manuskripte kehrt die Bezeichnung *muškil al-ḥadīṯ* bzw. *al-aḥādīṯ* am häufigsten wieder. Die Pluralform brachte Herr Professor Levi Della Vida in Vorschlag. Das alte Leipziger Manuskript hat *muškil ġarib ḥadīṯ rasūl Allāh* (nicht wie GAL angibt).

(2) Vgl. C. Brockelmann, *Geschichte der arab. Litteratur* (abgekürzt GAL), Supplement zu I, 166. O. Spiess ZDMG 90 (1936) 116.

(3) S. u. Kap. 5 und H. Ritter, *Philologica II. Der Islam* 17 (1928) 256.

(4) Zu Abū Muḥammad ʿAbdallāh ibn Muslim ibn Qutaiba (st. 276) siehe GAL Suppl I zu S. 122, n. 10; ferner H. Ritter, *Philologica III. Der Islam* 18 (1929) 37.

(5) Der *k. al-Fihrist* von an-Nadīm (Leipzig 1877) erwähnt Seite ٢٠٩ f drei Werke: *k. taṣḥīḥ al-āṯār al-kabir, k. an-nawādir* und *k. al-muḍāraba* von Abū ʿAbdallāh Muḥammad ibn Šuǧāʿ aṯ-Ṯalǧi (st. 256 oder 257).

(6) Abū Ǧaʿfar Aḥmad ibn Muḥammad ibn Salāma al-Ḥaǧrī aṭ-Ṭaḥāwī (st. 321) vgl. GAL Suppl I zu S. 174.

Art der Welt und den Menschen gegenüber lag vor: bildhaft, plastisch, oft schön geformt und gut geprägt; freilich daneben manches, das wir als weniger glücklich, unpassend, ja sogar abgeschmackt empfinden, während der Muslim, dem es als Offenbarungswort Gottes entgegentritt, sich einer solchen Beurteilung naturgemäss enthält. Nach der gedanklichen Seite sind also diese Sprüche nicht entwickelt, weil es für ihre Art und Weise von Gott zu sprechen nicht am Platze wäre, und darum auch zu allen Zeiten und in allen Völkern und ihren Religionen so war und sein wird. Hier jedoch fanden sich diese Prägungen, was nicht immer so zu sein braucht, ausserdem in einer religiösen Gemeinschaft, deren Denken über Gott selber noch vervollkommnungsfähig war und die sich nach der Eroberung von Syrien, Mesopotamien und Ägypten in der Umgebung des überlegenen griechisch-christlichen Gottesbewusstseins befand. So war die Gefahr gross, sich entweder aufs eigene Alte zu versteifen, zumal es als Offenbarungsabschluss erschien, und sich auf diese Weise einzuengen — eine Gefahr, die den späteren Islām ḥanbalitischer Richtung immer bedroht hat — oder aber sich einem entwurzelten, ganz auf sich selbst gestellten Forschen zu überlassen, das sich überdies gegen Frivolität und verarmenden Rationalismus wehrlos zeigte — die Klippe manches theologischen Versuches im ersten Islām.

Vielleicht könnte man so, aufs Ganze gesehen, die aš'aritische Entwicklung auch vom innerislamischen Ort her als ein gesundes geistiges Wachstum verstehen, in dem sich der Islām überdies der Entfaltungshöhe christlichen Denkens von Gott am meisten angenähert hätte.

Aber auch die Behandlung einzelner Probleme, z. B. in unserem Falle die Erklärung der dunklen Ḥadīṯe, durch Ibn Fūrak erscheint glücklich und gut angelegt. Es geht für den Aš'ariten bei all seinem Ta'wīl darum, den einen Geist in seinen notwendig verschiedenen und oft auch in der Zeit auseinanderfallenden Erscheinungen mit Freude zu finden, in unserem Falle also etwa zunächst in den treffend fromm und religiös geprägten Worten, was die Ḥadīṯe, abgesehen von ihrem bei den Muslimen angenommenen Offenbarungscharakter, gewiss auch weithin sind, und dann im entfalteten theologischen Gedanken über Gottes Wesen und seine Eigenschaften. Darum wäre auch gewaltsame Uminterpretation und gezwungene Verbiegung, wo sie vorliegt, wohl am richtigsten als Misslingen eines an sich richtigen Beginnens oder als allzu menschliche Übertreibung in einer glücklich entdeckten Sache zu beurteilen.

Als methodisches Werkzeug zum Ta'wīl zieht nun Ibn Fūrak die Sprache (*luġa*) heran; das ist seine besondere Eigentümlichkeit. Ihr traut er zu, dass sie viel zum rechten Verständnis der Ḥadīṯe beitragen kann (vgl. Nr (49), u. S. XIII), wenn man sich nur von ihr und ihren Gesetzen über Wortanwendung, Wortbedeutung und Sprachgebrauch leiten lässt. Wer sich ein Bild von dieser Überzeugung und von der Einzelhandhabung dieser Methode der

Sprache machen will, könnte etwa die Abschnitte *taʿağğab allāh* und *nafas allāh* vornehmen. Im zweiten ist von dem Ḥadīṯ: لا تسبّ الريح لانها من نفس الرحمان die Rede. Wenn es da heisst: 'Scheltet den Wind nicht; denn er ist Atem ar-Raḥmāns', so sagt uns Ibn Fūrak, *nafas* (Atem) sei gleichbedeutend entweder mit 'atmen' (*tanaffus*) oder mit 'trösten, erheitern' (*tanfīs*). Das erste wird ausgeschlossen, und so bleibt nur das zweite übrig. Man wird wohl sagen können, dass Ibn Fūrak in diesem Zusammenhang Formulierungen gefunden hat, die uns den unvergänglichen Gehalt und letzten Sinn einer solchen bildlich-anthropomorphen Tradition ahnen lassen, etwa dass Gott der Erquicker schlechthin und der letzte Tröster ist. Man kann auch in etwa inne werden, dass es so etwas wie eine fromme Tiefe der Sprache gibt. Ferner ist es richtig, dass sich eben damit wiederum richtig und treffend zeigt, wie wenig jene andere Frage, ob Gott einen Körper habe oder nicht, von einer solchen Tradition berührt wird, wie sie gänzlich in den Hintergrund tritt, weder angeschnitten noch entschieden wird. Allein das alles ist doch noch nicht eigentlich Verdienst von Ibn Fūrak und seiner Interpretation. Mag sie auch die Ansätze dazu enthalten, sie wird doch noch zu grob und rationalistisch gehandhabt, wie sich beim Lesen der betreffenden Abschnitte ergibt. Immerhin bleibt ihm das schöne Verdienst, diesen Weg betreten zu haben.

Was aber das eigentlich Methodische an Ibn Fūraks Interpretationsart ausmacht, — und darin zeigt sich sein Ašʿaritentum wiederum klar, — scheint folgendes: Er ist davon überzeugt, dass er die Ermittlung dessen, was ein solcher Ḥadīṯ eigentlich will, nicht dem unbestimmten Belieben und Fühlen von jedermann, worauf sich Verständnis und Unverstand in gleicher Weise berufen könnten, überlassen kann, sondern dass solche Dinge allgemein erfassbar sind, dass sie sich wissenschaftlich darstellen lassen, einer Klärung fähig sind — woraus sich dann, um eine Konsequenz zu nennen, von der Ibn Fūrak auch noch nicht spricht, ergeben würde, dass z. B. das Verständnis für solche Dinge bildungsfähig wäre. Daher die häufige Berufung auf den *ahl al-luġa* (s. u. Nr (٥); Nr (٩) Z. ١٥ usw.), den *ahl al-maʿrifa* (s. u. Nr (١٠) usw.), die *ṭarīq al-luġa* (s. u. Nr (٤٩) Ende), daher die immer herangeholten Beispiele aus der Sprache, dem Koran, der Dichtung. In der Einzeldurchführung mag sich manches Unhaltbare finden, manches Willkürliche und manche gewaltsame Interpretation; die Grundhaltung geht aber auf echte und gute Objektivität, die einerseits nicht enger Rationalismus ist und anderseits der berechtigten Subjektivität das Ihrige gibt. Jedenfalls erweist sich Ibn Fūrak mit diesem Willen zum Intellekt als echter Ašʿarit.

Was nun die mehr philosophisch gedachten Teile des Buches in der grossen Muqaddima betrifft, so ist gewiss auch hier manches Gute und Treffende zu finden; doch die Hauptstärke des Werkes wird nicht darin zu suchen sein [1]. Der Autor ringt zwar auch hier überall sichtlich mit dem Gedanken, ist um Präzision und Klarheit der äusseren Form, aber auch der Sache nach bemüht; trotzdem vermischt er in wenig glücklicher Weise alte philosophische Ansätze zu einer Einheitslehre mit den atomphysikalischen Vorstellungen, die zu seiner Zeit bei den Theologen verbreitet waren. Diese Verquickung und ebenso die allzu grosse, fast gesuchte Sorge um Klarheit im Ausdruck sind beides eigentlich schon Erscheinungen, die man in der späteren Scholastik des Abendlandes zu finden gewohnt ist.

Unter den theologischen Grundsätzen Ibn Fūraks sind zwei, die als Ansichten der Schule (*aṣḥābinā*) bezeichnet werden und die in diesen Vorbemerkungen wohl nicht mit Unrecht eigene Erwähnung finden, weil sie recht charakteristisch sind. Der eine besagt, dass die Gültigkeit eines Ḥadīṯes nie aufgrund des Matn angefochten werden könne, sondern immer nur so, dass ein Schaden im Isnād nachgewiesen werde. Denn der Inhalt lasse sich mit Hilfe des Taʿwīl immer so auffassen, dass nichts Gottes Unwürdige darunter verstanden werde, — gewiss eine Überspitzung des Interpretationsprinzips, die der Islām sonst nicht angenommen hat. Zweitens wird der Satz aufgestellt, dass man von Gott nichts aussagen dürfe, was nicht durch den Koran, den Propheten oder den *iǧmāʿ al-umma* allgemein anerkannt sei. Auf Grund dieses Prinzips kann man dann im Anschluss an den Koran wohl sagen: Gott ist im Himmel und auf Erden, aber die Formel ‘Gott ist im Himmel und auf Erden und an allen Orten’, die der Muʿtazilit Abū l-Qāsim ʿAbdallāh al-Balḫī [2] zuliess und die auch den Christen zweifellos geläufig war [3], blieb grundsätzlich ausgeschlossen [4].

Soviel zur vorläufigen Charakterisierung des Muškil.

(1) Man vergleiche beispielsweise die Behandlung der Frage von Gottes Unteilbarkeit (Kap. 7).

(2) S. unten Nr (٤٦), (٥٣).

(3) Das dürfte daraus folgen, dass sie sogar bis in die Katechismen Eingang gefunden hat. Ihr erstes Auftreten ist mir nicht bekannt.

(4) Man könnte vermuten, dass dieser Aufstellung historisch ein anderer Vorgang zugrunde lag. Es ist bekannt, dass in der stürmischen Zeit der ersten Ausbreitung manches christliche Gut, wohl unvermerkt, in den Islām eingedrungen ist. In manchen muʿtazilitischen Fragestellungen, aber auch in der Debatte um die Ewigkeit des Korans usw. tritt dieses deutlich genug zu Tage. Es scheint nun, dass später das erstarkende islāmische Selbstbewusstsein die Eindringlinge entweder im eigenen Sinne formte oder als fremd und vom Islām her nicht begründbar wieder ausschied. Nur die Kreise der Muʿtazila, die alles früher in geistigen Besitz genommen hatten, zögerten noch mit dem Wiederabstossen. So auch im Falle der Formel: An allen Orten.

2. – **Zum Leben Ibn Fūraks.**

Was vom Leben und der Person Ibn Fūraks bekannt ist, findet sich bei Brockelmann (1) kurz zusammengefasst. Der Muškil selbst verrät uns, abgesehen von Spuren, die man mit Hilfe der überkommenen, ebenfalls spärlichen biographischen Nachrichten besser deuten kann, kaum etwas darüber.

Dass Ibn Fūrak persischer Herkunft war — nach der Nisbe stammte er aus Ispahan — glaubt man zuweilen auch seinem Satzbau mit den geradezu an indo-germanische Sprachen erinnernden Perioden ansehen zu können. Sicherlich aber zeigen viele seiner hart zugespitzten, syllogistisch gebauten Sätze, dass ihr Schreiber sich aufs Streitgespräch wohl verstand und auch seine Freude daran hatte. Sein Übereifer darin hat ihn schliesslich nicht bloss das Leben gekostet oder wenigstens zu seiner Ermordung beträchtlich beigetragen, sondern ihm und seiner Umgebung schon zu seinen Lebzeiten manches Unangenehme eingetragen, wenn wir ein Scherzwort auf ihn, das Ibn Ḫallikān berichtet, so verstehen dürfen, welches lautet: "Last im Hause ist das Ergebnis einer erlaubten Leidenschaft. Was mag dann erst das Resultat einer verbotenen Leidenschaft sein?" (2).

Die Hauptwidersacher, mit denen Ibn Fūrak sein Leben lang zu kämpfen hatte, war die Sekte der Karramīya. Obwohl ihr Name nirgends genannt wird, wendet sich der Muškil doch an vielen Stellen deutlich gegen die Lehre ihres Hauptes Abū ʿAbdallāh Muḥammad ibn Karrām (st. 869), dass Gott auf dem Throne sitze (Q. 2, 256), ihn auf der obersten Seite berühre (*mumāssa*) und eine Substanz sei (*ǧauhar*) (3).

(1) GAL I 277 und Suppl.

(2) *Wafayāt al-aʿyān* (Būlāq 1299) I 610: *Šuġl al-ʿiyāl natīǧat mutābaʿat aš-šahwa bil-ḥalāl; famā ẓannuka biqaḍīyat šahwat al-ḥarām.*

(3) Vgl. Aš-Šahrastānī, *Kitāb al-milal wan-niḥal*, edidit Cureton (London 1842) pag. 80, 9: *Naṣṣa Abū Abdallāh ʿalà anna maʿbūdahu ʿalà l-ʿarš istiqrār waʿalà..... annahu aḥadī aḏ-ḏat, aḥadī al-ǧauhar, wa'annahu mumāss lil-ʿarš min aṣ-ṣafḥa al-ʿulyā.* — Warum Ibn Fūrak das Wort 'Substanz' (*ǧauhar*) nicht auf Gott angewandt wissen will, gibt er nirgends an. Vermutlich war es für ihn der Bedeutung nach ungefähr gleich *ǧizm*. Das ist umso eher möglich als 'Atom' im physikalischen Sinne *ǧauhar* und später *ǧauhar fard* heisst (vgl. O. Pretzl, *Der Islam* 19 [1930] 122). Al Ġazzālī sagt, "die Karrāmiten gebrauchten 'Substanz' (*ǧauhar*) von Allāh in der Meinung, dass Substanz ein Wesen, das nicht an einem bestimmten Ort, sondern in sich selbst existiert, bedeute. Die Ḥanbaliten und Karrāmiten gebrauchten beide 'Körper' von Allāh einfach im Sinne eines existierenden Wesens oder eines in sich existierenden. Die Anthropomorphisten versteiften sich im allgemeinen auf den Ausdruck, dass Allāh Richtung habe, wie es allerdings ihre Deutung seines Sitzens (*istiwā'*) auf seinem Thron tatsächlich erforderte" (D. B. Macdonald in EI I, 325 s. v. '*Allāh*'). Nach (21) Ende und (28) scheint es, dass I. F. jeden *ǧauhar* als notwendig für Akzidentien zugänglich und darum veränderlich und vervollkommnungsfähig denkt; dann kann Gott natürlich nicht *ǧauhar* sein. *Ǧauhar* = unteilbare Wesenheit (EI III 855 a) kommt bei Ibn Fūrak nicht vor.

Die Lehre dagegen, dass schon die Aussage der Eigenschaft eines Geschöpfes von Gott Tašbīh sei, und die Behauptung, es gäbe in Gott ein in der Zeit entstehendes Wissen, das kein Subjekt habe, findet sich bei Ǧahm ([1]) ibn Ṣufwān (getötet zu Merw 128 von Sālim b. Aḥwaz, dem Polizeichef und Gardebefehlshaber des Statthalters von Nīšāpūr, Naṣr b. Sayyār) und der Ǧahmīya.

Im Laufe dieser Kämpfe wurde natürlich auch Ibn Fūraks eigene Rechtgläubigkeit öfter angezweifelt. Das deutet der Muškil klar genug an. Allein da dies der ganzen Ašʿarīya von Zeit zu Zeit widerfuhr, bedeutet es nichts Aussergewöhnliches. Mehr Beachtung würde verdienen, was Wüstenfeld ([2]) von einer Rückkehr Ibn Fūraks zur Orthodoxie sagt, die am Ende seiner Bagdader Studien erfolgt sei. Unter seinen Schriften befände sich ein Kommentar zu dem Werke *Awāʾil al-adilla* des Bagdader Muʿtaziliten Abū l-Qāsim ʿAbdallāh al-Balḫi (st. 319) (s. S. 23 Anm. 2). Es ist bekannt, dass dieser wie auch andere Muʿtaziliten wohl aus naturphilosophen Gründen das Weiterleben der *šuhadāʾ* nach ihrem Tode bestritten und Q. 3, 163 von einem Leben in der künftigen Welt verstanden hat ([3]). Ob ihm Ibn Fūrak einmal, etwa in diesem Kommentar der Frühzeit darin gefolgt ist und so die unten zu erwähnende Meinung veranlasste, er leugne, dass Mohammed noch jetzt Prophet sei, vermag ich nicht zu entscheiden.

Im ganzen ergibt sich folgendes Lebensbild. Nach den Anfängen im ʿIrāq lehrte Ibn Fūrak zunächst in Ray. Aber ‘ Neuerer verleumdeten ihn ’, und Abū Muḥammad aṯ-Ṯaqafī stellte sich ihm entgegen ([4]). Da erreichte es die Ahl as-sunna beim Amīr Nāṣir ad-daula abū l-Ḥasan Muḥammad ibn Ibrāhīm ibn Simǧūr ([5]), dass er nach Nīšāpūr berufen wurde, wo er sich niederliess und lange Zeit an einer eigens für ihn errichteten Medresse erfolgreich und zur allgemeinen Zufriedenheit wirkte. Aš-Šahrastānī zählte ihn später neben al-Bāqillānī, der mit ihm bei Ibn Muǧāhid, dem persönlichen Schüler al-Ašʿarīs, gehört hat, und al-Isfarāʾīnī, zu den rechtgläubigen Lehrern, deren Lehren nicht viele Unterschiede aufwiesen ([6]).

([1]) Aš-Sahrastānī, a. a. O. pg. 60, 8.

([2]) *Schafeïten. Abhandlungen der Gesellschaft der Wissenschaften zu Göttingen* Bd. 36 (1890) 285.

([3]) ar-Rāzī, *Mafātīḥ al-ġaib III* 138, 141; vgl. Tor Andrae, *Die person Muhammeds* (1917) S. 289.

([4]) Ibn ʿAsākir (st 571/1176) *Tabyīn kaḏib al-muftarī* (Dimašq 1347) S. 232, 8 ff. *ṯumma lamma warada ar-Ray saʿat bihi al mubtadiʿa faʿaqada a. M. ʿAl. b. M. aṯ-Ṯaqafī maǧlis fil-masǧid raǧǧ.*

Ebenso Ibn Ḫallikan, a. a. O und Ibn al-ʿImād, *Šaḏarāt aḏ-ḏahab* (Kairo 1350) III 181 (nicht IV wie GAL I Suppl. 277), die beide von Ibn ʿAsākir abhängig sind.

([5]) Vgl. E. de Zambaur, *Manuel de Généalogie et de Chronologie.* Hanovre 1927. S. 205 und W. Barthold in EI I 97 s. v. ‘ Abū l-Ḥasan ’.

([6]) Aš-Šahr. a. a. O. S. 20, 6: *Waqarrara tarīqahu (sc. al-Ašʿarī) ǧamāʿa min al-muḥaqqiqīn miṯl al-qāḍi abī Bakr al-Baqillānī wal-ustāḏ abī Isḥāq al-Isfarāʾīnī wal ustāḏ abī Bakr ibn Fūrak walaisa bainahum kaṯīr iḫtilāf.*

Anders Ibn Ḥazm aẓ-Ẓāhirī (st. 456/1064), der u. a. ein heftiger Gegner der Aš'arīya war (1). Gestützt auf den spanischen Aš'ariten Sulaimān ibn Ḫalaf al-Bāǧī (2) (st. 474), der in Bagdād studiert hatte und mit ihm in Kontroverse lag, sagt er, Ibn Fūrak hätte, wie die Aš-'arīya überhaupt, gelehrt, Muḥammad sei jetzt nicht mehr Prophet, sondern er sei es nur gewesen. Dafür hätte ihn Maḥmūd von Ġazna (358/969 - 421/1030) vergiften lassen, was 406 auf der Reise von Ġazna nach Nīšāpūr geschehen sei (3). An dieser Darstellung ist unrichtig, dass die Aš'arīya eine solche Lehre aufgestellt hat (4). Aber auch das angeführte Urteil von aš-Šahrastānī passt nicht gut dazu, dass etwa Ibn Fūrak allein eine solche Meinung gehabt hätte, und schliesslich stellt as-Subkī (st. 756/1355) in seinem Ṭabaqātwerk die ganzen Vorgänge, die Anklage Ibn Fūraks bei Maḥmūd von Ġazna und seinen Tod als Ränke der Karramīya dar. Die Darstellung Ibn Ḥazms verwirft er wie vor ihm Ibn Ṣalāḥ vollständig, und beruft sich dabei auch auf al-Qušairī und seinen Lehrer aḏ-Ḏahabī (st. 753). Die Karramīya hätten Ibn Fūrak zuerst zu Unrecht in Ġazna verklagt. Er sei dorthin gereist, habe sich gerechtfertigt und sei rehabilitiert worden. Das hätte sie am Gelingen ihrer Pläne verzweifeln lassen. Darum sei die Vergiftung beschlossen und auf der Heimreise Ibn Fūraks ausgeführt worden (5). Es darf als sicher gelten, dass der Streit mit der Karramīya die Ermordung veranlasst hat. Über Maḥmūd v. Ġazna wissen wir aus aš-Šahrastānī, dass er der Sekte recht günstig gestimmt war. Er huldigte selbst ihrem anthropomorphistischen Buchstabenkult, ging u. a. streng gegen die Bilder vor, verabscheute nicht bloss die Mu'tazila, sondern jeglichen Kalām. Nachdem er 420 die Buyiden besiegt und Ispahan erobert hatte, mussten die dortigen Schiiten und alle anderen Sekten eine harte Inquisition über sich ergehen lassen (6). Welche Stellung er indessen zum Tode Ibn Fūraks einnahm, hat anscheinend schon Ibn 'Asākir, die älteste zuverlässige Quelle, nicht gewusst. Es ist nicht ausgeschlossen, dass die reservierten, knappen Worte (7), die ihm sein Gewährsmann Abū l-Ḥasan 'Abdalġāfir ibn Is-

(1) Vgl. u. a. C. van Arendonk Art. 'Ibn Ḥazm' in EI und Ergbd.

(2) Vgl. Ibn Ḫallikan, zitiert in Ibn Ḥazm, *Al-fiṣal fil-milal wal-ahwā' wan-niḥal* (Kairo 1347) I S. 75 Anm. 1 und GAL I 419, 519 u. Suppl.

(3) Ibn Ḥazm, a. a. O. S. 75 Zeile 7 ff. *Ḥadīṯ firqat mubtadi'a taz'umu anna M. b. 'Al. b. 'Abd al-Muṭṭalib laisa hwa al-ān rasūl allāh, uwalākin kāna rasūl allāh. Wahāḏā qaul ḏahaba ilaihi al-Aš'arīya; wa'aḫbaranī Sulaimān b. Ḫalaf al-Bāǧī, wahwa min muqdimīhim al-yaum, anna M. b.-Ḥ. b. Fūrak al-Iṣbahānī 'alà haḏā l-mas'ala qatalahu bis-samm Maḥmūd b. Subuktekīn, ṣāhib mā dūn warā' an-nahr min Ḫurāsān raḥimahu llāh.*

(4) Ibn Ḥazm und die Modernen haben für die entgegengesetzte Ansicht nur ein Beispiel: Ibn Fūrak.

(5) Taǧ ad-din as-Subkī, *Ṭabaqāt aš-Šāfi'īya al-kubrà* (Kairo 1324) III, 53-55.

(6) aš Šahr., a. a. O. S. 20, 11 u. D. B. Macdonald, *Develop. of M. Theol....* (London 1903) pg. 195.

(7) Ibn 'Asākir a. a. O. S. 233, 3 ff. *Tuwuffiya sana 406, wakāna qad du'iya ilà Ġazna waǧarat lahu bihā munāẓarāt wakāna šadīd ar-radd 'alà aṣḥāb abī 'Abdallāh walamma 'āda min Ġazna summa fiṭ-ṭarīq wamaḍà ilà raḥmat allāh.*

maʿīl aus Nīšāpūr schrieb und die recht gut eine alte zeitgenössische Angabe sein können, gerade darauf hinweisen, dass man die eigentlichen Urheber der Vergiftung nicht nennen konnte, weil Maḥmūd ihr Freund war (1).

Dass Ibn Fūrak etwa vorher gelehrte Beziehungen zum Hof in Ġazna gehabt habe, wo sich der Ġāzī mit einem glänzenden Kreis von Gelehrten und Dichtern umgab, zu dem der Historiker al-ʿUtbī, al-Firdausī, der Schöpfer des persischen Nationalepos, der Mediziner und Naturwissenschaftler al-Bērūnī, al-Asadī u. a. gehörten, kommt bei den genannten Anschauungen Maḥmūds naturgemäss nicht in Betracht. Eher konnte Ibn Fūrak zufrieden sein, dass die gegen ihn angestrengte Untersuchung zunächst günstig ausging.

Wenn wir die Frage nach der Rechtgläubigkeit unseres Autors aufnehmen, so wird man abschliessend sagen können, dass sie auf die Dauer nicht angezweifelt worden ist. Über den kühnen Versuch, den dunklen Ḥadīṯen, die man nur weitergeben sollte wie sie überliefert waren, unter Berufung auf Vorläufer eine Erklärung zu geben, schweigen m. W. alle Quellen. Nur aḏ-Ḏahabī erwähnt allgemein Versehen und Neuerung.

Einmal hat ihm allerdings ad-Daqqāq, al-Qušairīs Schwiegervater, die Begrüssung verweigert, weil er von seiner Orthodoxie keine gute Meinung hatte. Dies war, als Ibn Fūrak nach Nīšāpūr kam und allen angesehenen Männern seine Aufwartung machte (2). Später sind indessen beide wenigstens nach Ibn Ḫallikān (*Wafayāt* a. a. O.) trotzdem miteinander in Verkehr getreten.

Gottesfurcht, Frömmigkeit und vertiefte Religiösität haben Ibn Fūrak offenbar ausgezeichnet. Dafür spricht nicht nur die Tatsache, dass der 'Systematiker der islamischen Mystik', der ruhige und massvolle Qušairī sein Schüler war, Ibn Sabʿīn geradezu behauptet (3), er habe geglaubt, was die Sufis glaubten und sei nur als Apologet Ašʿarit gewesen und die Ḥadīṯerklärungen schon nach Ausweis der Termini stark vom Geiste des Taṣawwuf bestimmt sind. Ein gutes Zeugnis dafür bietet wohl auch das Kapitel *faraḥ allāh*, das Gnadenkapitel aus dem Muškil, wenn man einmal so sagen darf, vornehmlich an den Stellen, wo der ašʿaritische Gedanke entwickelt wird, dass unsere guten Handlungen eigentlich nicht unser seien, sondern Gott angehörten.

Von seinem Beruf als Gelehter hat Ibn Fūrak eine hohe Meinung: Das Gelehrtentum bewirkt Auszeichnung vor anderen und erhöhten Rang, wie es schon in Q. 58, 12 enthalten ist. Wenn es dunkle Ḥadīṯe gibt, so nicht zu-

(1) Anders Tor Andrae (a. a. O. S. 288). Aḏ-Ḏahabī war anscheinend geneigt, dem romantischen, von Ibn Ḥazm verbreiteten Bericht Glauben zu schenken, dass Maḥmūd Ibn Fūrak aus Rücksicht (!) auf dessen hohes Alter heimlich hätte vergiften lassen (As-Subkī a. a. O. S. ٥٤).

(2) Ibn ʿAsākir a. a. O. S. 232, Z. 6 v. u.

(3) a. M. ʿAbd al-ḥaqq b. Ibr. b. M. al-Išbīlī Ibn Sabʿīn (st. 669) vgl. M. Schreiner, ZDMG 52 [1898] 504,

letzt deshalb, dass es Männer geben könne, die die Gabe haben, sie zu verstehen und zu erklären im Unterschied von anderen, denen es nicht gegeben ist (s. u.).

Noch einen letzten bezeichnenden Zug im Bilde Ibn Fūraks, der so charakteristisch ist, dass er nicht übergangen werden soll, enthält der Abschluss des häufig zitierten Berichtes bei Ibn ʿAsākir. Darin erscheint der Autor in einer seltsamen Verbindung zugleich als Gefangenenwärter in Ketzersachen und als Mann der inneren religiösen Erfahrungen. Nach al-Qušairī wird überliefert, was Ibn Fūrak selbst berichtet hat: "Ich brachte einen Gefangenen wegen eines Vergehens gegen die Religion nach Šīrāz. Wir kamen in der Morgenfrühe ans Tor der Stadt. Da war ich in innerer Besorgnis (*mahmūm al-qalb*). Aber als der Tag graute, fiel mein Blick auf einen Miḥrāb von einer Moschee über dem Stadttor, an welchem geschrieben stand: ʻGenügt denn Gott nicht für seinen Knecht (Q. 39, 37)?ʼ. Da kam mir aus meinem Innern eine Erkenntnis, dass ich bald Genüge finden würde, und so geschah es. Sie entliessen uns in Ehren".

Dieses seltsame uns Heutigen oft schwer verständliche Zusammen von so unvereinbaren Dingen wie religiösem Fanatismus und ehrlicher Frömmigkeit, das uns in alten Zeiten und anders gearteten Kulturen häufig genug begegnet, findet kaum eine genügende Erklärung damit, dass jene Zeiten und Kulturen eben robuster und primitiver gewesen seien als die unsere oder weniger klar gedacht hätten. Dagegen scheint die Tatsache zu bestehen, die allerdings auch noch keine Erklärung ist, dass in bestimmten Zeiten und bestimmten Kulturgemeinschaften gewisse Inkonsequenzen und Unausgeglichenheiten so dominieren, so sehr in der Luft liegen, die alle atmen, dass ihnen auch gute Köpfe und redliche Gemüter nicht leicht widerstehen.

Mögen wir also auch Unduldsamkeit und Härte an Ibn Fūrak zu tadeln haben, schliesslich steht all dem — vielleicht etwas versöhnend — das bittere und herbe Ende gegenüber, das er mit seiner Ermordung auf sich nehmen musste.

Die Autoren berichten noch, dass ihn die frommen Muslime nach seinem Tode als *ḥamīd* und *šahīd* besonders verehrten. An seinem Mašhad im Stadtteil Ḥīra zu Nīšāpūr, wohin er übertragen und beigesetzt wurde, beteten sie um Heilung (Ibn ʿAsākir: *yustašfà*), oder wie man später las, um Regen (Ibn Ḫallikān und Ibn al-ʿImād: *yustasqà*), und sie sagten, dass sie Erhörung gefunden hätten.

3. – **Benutzte Handschriften.**

Von den erhaltenen Kodizes, die den *Bayān muškil al-aḥādīṯ* enthalten, konnten für diese Veröffentlichung vier herangezogen werden: Codex orient V 316 aus der Universitätsbibliothek Leipzig (Leipz), Codex orient 978 aus der Bibliothek des Legatum Warnerianum zu Leiden (Leid) und Codex Or 3107 des Britischen Museums (Lo), Codex Vat ar 1406 aus der Biblioteca Vaticana (Vat). Dass von der Jerusalemer Handschrift keine Photographien angefertigt werden konnten, verhinderten die Unruhen des Jahres 1938. Ebenso muss die Benutzung der 4 Stambuler Texte sowie des Exemplares in Bankipore einer späteren Zeit vorbehalten bleiben.

Die Wiedergabe des Textes erfolgte aufgrund von Photographien der Kodizes Leipz, Lo und Vat, die die Bibliothek des P. Istituto Biblico in Rom für diese Zwecke anfertigen liess und dauernd zur Verfügung stellte. Vat konnte ausserdem an Ort und Stelle eingesehen werden, und der Leidener Kodex wurde im Original im Handschriftensaal der Nationalbibliothek in Wien kollationiert.

Codex Leipzig V 316 (20 : 15 cm), 106 Blatt, 23 Zeilen, ist von allen weitaus der älteste. Nach der Endnotiz ist er von Maḥlūb al-Mu'addib ibn ʿUṯmān al-Lawānī niedergeschrieben und am Samstag, dem 7. vor Ende ḏu l-Ḥiǧǧa 459/ 4. November 1067 beendigt worden. Die Schrift ist sehr altertümlich, in der Form des *ṭā'* erinnert sie an kufische Formen; *fā'* und *qāf* werden nach maġribinischer Art unterschieden. *Ḥā'* ist häufig durch ein zweites, untergesetztes *ḥā'* hervorgehoben, ebenso *ʿain*. Das *alif maqṣūra* wird statt mit *yā'* in der Regel mit *alif* geschrieben. Das *hamza* ist nur selten gesetzt. *Yā'* hat immer die beiden Punkte. Da die diakritischen Zeichen der Konsonanten oft gar nicht und oft ganz unerwartet geschrieben sind, ist die Lesung schwierig. Ein klar intendiertes *tā'* hat z. B. oft nur einen Punkt wie *nūn* u. ä. m. Als der Wurmstich im Laufe der Zeit Wortteile und ganze Worte unleserlich gemacht hatte, wurden die betroffenen Stellen von einer späteren Hand mit persischem Duktus am Rande nachgetragen. Von einer dritten, noch späteren Hand dürfte die Nachschrift *qāla baʿḍ al-ḥukamā'* sein; denn fol 104 v 1/2 war von zweiter Hand das Lückenzeichen .·. angebracht (vgl. fol. 104 r 1, 2), während die Lücke heute von der dritten Hand mit *ǧannatuhu* ausgefüllt ist. Das Gleiche kann fol 105 v 1 beobachtet werden. Auf dem Titelblatt und dem vorangehenden Folium finden sich einige Besitzernotizen, für deren Lesung ich Prof. Levi Della Vida zu Dank verpflichtet bin. Weiter findet sich dort ein Auszug aus der Biographie Ibn Fūraks bei Ibn Ḫallikān, der nichts Neues bietet. Nur sei erwähnt, dass das Todesjahr des Autors darin irrtümlich mit 446 statt 406 H. angegeben ist. Nach den genannten Eigentümlichkeiten der Handschrift zu urteilen, könnte man vermuten, dass sie aus dem Jemen stammt.

Codex orient 978 Leiden (18, 5 : 14 cm, 76 Blatt) ist der Hauptsache nach von zwei Schreibern geschrieben. Der erste schrieb bis fol. 30 und brachte 26 bis 27 Zeilen auf der Seite unter, der zweite schrieb den Rest, je 21 bis 24 Zeilen auf der Seite. Die Niederschrift des ersten ist sehr sorgfältig, während der zweite Teil den Eindruck einer mehr handwerksmässigen Arbeit macht. Als orthographische Eigentümlichkeiten sind zu erwähnen, dass *yā'* im Wortinnern immer die beiden Punkte hat. Über *sīn* steht regelmässig ein Zeichen, das zwei in rascher Schrift zusammengeflossenen *tā'*-Punkten ähnelt wie in der heutigen Kurrentschrift. Die drei Punkte des *šīn* sind dagegen immer klar getrennt.

Die Niederschrift des Kodex war, wie es in der Schlussangabe heisst, am 20. ḏū l-Qaʿda 881/5. Mai 1477 abgeschlossen. Wegen der verständnisvollen Wiedergabe des Textes ist der vom ersten Schreiber geschriebene Teil der Handschrift für die Textherstellung von Nutzen.

Codex or 3107 aus dem Britischen Museum (19 : 14 cm, 14 bis 16 Zeilen) ist Fragment und enthält nur auf den ersten neun Blättern den Text des Muškil. Es handelt sich um die Muqaddima bis zur Abhandlung über Gottes Unteilbarkeit. Der Text schliesst auf Blatt 9 r 17 mit den Worten: *lā ʿalà l-maʿnà mā yaqūlu lil-ǧumlati l-muǧtamiʿati annahā wāḥidun. Waǧamaʿnā.....* s. u. Nr (٢٤). Die anschliessenden Seiten von demselben Schreiber entstammen al-Qutaibī's, *K. ta'wīl muḫtalif al-ḥadīṯ* [1]. Die Schrift ist ein rasch geschriebenes Nasḫī. Auch hier hat *yā'* fast immer die beiden Punkte, und nahezu jedes *hamza* fehlt.

Cod Vat ar 1406 (22 : 15 cm, 151 Blatt, mit 21 bzw. 18 Zeilen) ist in schönem Nasḫī sorgfältig und flott geschrieben. Die Kapitelüberschriften sind rot ausgeführt, nur in den mittleren Partien der Handschrift finden sich an ihrer Stelle Lücken. In diesen Fällen stehen am Rande noch jetzt in winziger Schrift die Andeutungen, nach denen sich der Schreiber beim Schreiben der Überschriften hätte richten sollen. Eine Textlücke von einer Seite findet sich 34 r 4 bis 35 v 10 von unten, die Leipz 24 r 6 v. u. bis 25 v 3 v. u. entspricht. Fol 1 v trägt links oben die Aufschrift الاول, fol 11 v ثانية, fol 21 v ثالثة, fol 31 v الرابعة usw. bis fol 141 v خامس عشر. Ähnlich wie in allen benutzten Kodizes fehlt auch in Vat durchgängig das *hamza*. *Yā'* hat immer beide Punkte, als *alif maqṣūra* aber

(1) S. o. S. XI. Anm. 4 und Ch. Rieu, *Supplement of the Catalogue of the Arabic MSS in the British Museum*, London 1894, S. 757.

auch, wenn es mitten im Wort Träger des *hamza* ist. *Alif maqṣūra* ist in wenigen Fällen (vgl. den Apparat) mit *alif* statt *yā'* geschrieben. Das Datum der Niederschrift erfahren wir leider nicht. Auf dem Titelblatt findet sich nur die Bemerkung, dass das Manuskript im Jahre 891/1486 in den Besitz eines gewissen ʿĪsà (?) ibn Muḥammad al-Kurdī kam. Eine Bleistiftnotiz 'Konia' scheint den Herkunftsort der Handschrift angeben zu wollen.

Ein paar Bemerkungen zur Charakteristik der Handschriften und zu ihrer gegenseitigen Abhängigkeit: Dass Leid und Lo zu einer Handschriftengruppe gehören und von einem Urtyp abstammen, zeigen ihre gemeinsamen Fehler (1) und die grosse Zahl der gemeinsamen Varianten (2). Eine Reihe von Textänderungen (3), die Leid und Lo gemeinsam haben, gehören offenbar ebenfalls schon dieser Quelle an.

Für das Verhältnis von Leipz und Vat gibt uns eine gemeinsame Textlücke (Leipz 104 r 6 bzw. Vat 149 v 15 vgl. S. Nr ٣٨ Z. ١٠) beachtenswerten Aufschluss. In der Vorlage von Vat stand a. a. O. zwischen *lam* und *ʿalà* ein unleserliches Wort, von dem nur der erste Buchstabe, ein *yā'* ohne Punkte o. ä., und der letzte Buchstabe, ein Schlussmīm, erkennbar waren. Der Schreiber notierte diese Spuren mit gewohnter Sorgfalt. Da im Kodex Leipz genau entsprechend an derselben Stelle zwischen *lam* und *ʿalà* für ein Wort ungefähr von der Grösse des zu vermutenden *yubham* (Leid *yhm*) Raum gelassen ist, ergibt sich, dass beide Kodizes aller Wahrscheinlichkeit nach aus der gleichen Vorlage stammen, und es muss sich, da Leipz bereits das Datum 459 trägt, um eine sehr alte Handschrift handeln, vielleicht um die Urschrift selbst. Die gegenseitigen Abweichungen vom Leipz und Vat widersprechen dieser Annahme nicht. Im Gegenteil die häufige Verwechslung zwischen *wa* und *fa* (4) findet

(1) z. B. (Seite) ١٧ (Zeile im Apparat) 6 عليها statt فيها (Einfluss des folgenden على) ; ١٧, 6 الى st. فى (Einfluss von تحتاج) ; ٩, 4 الايات st. الالباب ; ١٠, 6 ذاهلة st. ذاهبة. Sehr lehrreich ist der gemeinsame Fehler ٩, 4 Statt des richtigen بها أُولى الأَلباب (Leipz, Vat) findet sich in Lo بهولا الايات und in Leid بهذه الايات. In der Vorlage hatten offenbar die beiden anlautenden Hamz kein Alif als Träger, — die gleiche Erscheinung, welche wir aus anderen Gründen für die Urschrift vermuten möchten, s. u. S. XXIV — ebenso fehlten diakritische Punkte, s. u. S. XXIII Anm 1. Darum las die gemeinsame Quelle von Leid und Lo den Text, der noch jetzt in Lo steht, während Leid wie gewöhnlich glättete (s. u. S. XXIII) und das unmögliche هؤلاء in هذه änderte.

(2) z. B. ٩, 5. (2 ×). 7. 8; ١٠, 6 (3 ×). 7. 8. 9 ; ١١, 2. 3. 6 (2 ×) ; ١٢, 1. 7. 11 ; ١٣, 1 ; ١٤, 1 (2 ×). 2. 3. 4 ; ١٥, 1. 4. 8. ١٦, 1. 2. 3. 4. 5.

(3) z. B. ٩, 7 فان st. وان 'und dass so alles... ist' ; ١٢, 1 واذ st. فاذ ; ١٢, 7 متشابها, محكما (Korrekturen) ; ١٢, 9 يتعرّض Korr. st. يعترض ; ١٢, 11 جواب flüssiger statt فيه بجواب ; ١٣, 1 لان Korr. st. Leipz وان, Vat فان ; ١٣, 4 لا ist ausgelassen ; denn die Annahme, dass etwas, obschon es überliefert ist, nicht (لا) auf den Propheten zurückgehen sollte, war allzu kühn und fernliegend ; ١٥, 1 سبقنا wurde nach vorausgehendem انى in سبقنى verbessert.

(4) z. B. ١٣,8 فكان st. وكان ; ١٨,2 فإن st. وان u. ö.

ihren Grund gerade in der alten Schreibweise, wie sie noch in Leipz vorliegt. Der Mangel an diakritischen Punkten [1] und defektive [2] Schreibung haben andere Varianten in Vat verursacht. Über die Ersetzung der Doxologie *ʿazza wa-ǧalla* durch *taʿālà* s. u. S. XXIV. [Wenn der Vers S. ٢٥ Z. ٥ dieselbe Gestalt wie in Leid hat und von Leipz abweicht, so kann das seinen Grund darin haben, dass der Schreiber eine allgemeiner bekannte Fassung — denn solche Lesungen bevorzugt Leid — an Stelle einer weniger geläufigen einsetzte.]

Auch abgesehen von den erwähnten Fällen ist der Schreiber von Vat seiner Vorlage oft nicht Herr geworden [3]. Ein besonders krasses Beispiel ist die Verunstaltung der Verse von Abū n-Naǧm [4]. Vielleicht ist die Abschrift von einem Kalligraphen im Auftrag einer Stelle angefertigt, der das Original zu Gebote stand. Auf den Inhalt verstand sich der Schreiber wenig.

Leipz hingegen deutet auf einen flotten, sicheren Arbeiter, der mit der Sache fertig wurde und seinen Gegenstand meisterte. In nebensächlichen Dingen sind ihm allerdings öfter Ungenauigkeiten, Umstellungen [5], Auslassungen [6], Zusätze [7], Varianten [8] unterlaufen. Diese Versehen wären bei Herstellung des Originaltextes richtigzustellen [9].

Ein besonderes Gepräge zeigt der Text von Leid I. Er stammt offenbar von einem in literarischen und theologischen Dingen gebildeten Mann. Sprachliche und stilistische Unebenheiten glättet er häufig [10] und klärt Dunkelheiten in der Formulierung [11]. Allerdings bringt er dabei oft die theologischen Anschauungen [12]

(1) z. B. ٩,3 يجرى st. تجرى; ١١,8 يودى st. تؤدى; ١٢, 1 تدفع st. يدفع; ١٤, 1 ونريدك st. ويزيدك; ١٧, 1 الناس st. الباقين; ١٨,8 بل st. قيل; ١٥,4 ليتجمع st. لنجمع usw.

(2) z B. ٩,4 الزايدات st. الزيادات; ١٠,2 دعاوبهم st. دواعهم; ٣٢,4 لقتل st. لقتال; ٩,6 Lo, Leipzig لارشد st. لارشاد; ferner fällt auf ١٢,1 به st. بها; ١٥,3 فيه st. فيها; ١٥,8 فيها st. فيه; ١٩,6 وجوده st. وجودها usw.

(3) U. a. müssen folgende Stellen unverstandem geblieben sein: ٩,12 دلك st. ذلك; ١٠,1 والاهوال st. الاهواء; ١١,8 وقايل st. وقائد; معانيها st. معانِىَ; ١٢,7 وجد st. زجر; ١٧,2 كانت st. قامت; ١٨,7 وتحصيصا st. وتحصيلا; ١٨,2 وداة st. ودار; ٢٧,9 fehlt اطلاق usw.

(4) Nr (٦٦).

(5) ٩,7.9; ١٠,2; ١٦,10 (بعد ذلك); ٢٠,8; ٢٥,3 usw.

(6) ١٠,6; ١٣,6 (2 ×), 7; ١٨,3; ١٩,2; ٢٨,2; ٣١,3 usw.

(7) ١٢,1. 3. 9; ١٧,7.

(8) ١٢,4; ١٣,3. 5 (2×); ١٤,2. 5; ١٥, 1. 3; ١٦,7; ١٧,2. 4 (2×); ١٨, 4. 6. 7; ٢٥,4; ٢٧,2. 4; ٣٠,2; ٣١,6 usw.

(9) Vgl. auch die Liste der mit Sternchen versehenen Stellen unserer Textwiedergabe, S. XXV.

(10) ٨,3 وكان st. فكان; ٩,4 بهذه st بهؤلاء; ٩,6 fügt فى hinzu; ٩,10 النطق st. النصح; ١٠,1 التى st. الذين; ١٥,2. 6 القتبى st. القتيبى; ١٦,7 وحكم st. او حكم; ١٨,9 بانه st. انه; ١٨,7 فقد st. وقد.

(11) ٩,6 ابتدى st ابتدا; ١٠,9 وكذلك st. فكذلك; ١٩,7 كان st. وكان; ٢١,6 لمالا st. ما bzw لما.

(12) ١٢,2 على st عن (verwandelt ins Gegenteil); ١٢,3 bei der Schule al-Auzāʿīs fehlt رحمهم الله; ١٢,11 entsprechend bei al-Auzāʿī selbst; ٢٥,1 fehlt die Bezeichnung خبر الرسول für den Ḥadīṯ über den Iǧmāʿ; ٢٥,3 fehlt لم, verwandelt ins Gegenteil; dass ٢٩,2 رضى الله عنه bei Abū Huraira fehlt, wird nur Zufall sein.

seiner Zeit so sehr zur Geltung, dass die Sondermeinungen Ibn Fūraks verschwinden (1).

Vom Londoner Fragment sagt bereits Ch. Rieu (2) 'written in a cursive hand, apparently by a scholar'. Der Text ist in manchem konservativer (3) als der von Leid; auch hier fehlt es nicht an Versehen (4) und Ungenauigkeiten.

Die Beobachtung der Varianten ergibt für die Orthographie der Urschrift: Mangel an diakritischen Punkten (5), anscheinend häufige Defektivschreibung (6), und schliesslich dass Hamz im Anlaut wohl ohne seinen Träger Alif (7) geschrieben war (8).

Die Form der Doxologien zeigt in den MSS grosse Unterschiede; doch wird das Gesetz sichtbar, dass Leid und Vat an Stelle von *Allāh ʿazza wa-ǧalla* ziemlich konsequent das offenbar ihnen geläufigere *Allāh taʿālà* einsetzen.

Textkritisch verdient das Ergebnis eine gewisse Beachtung, dass selbst die leicht tendenziöse Wiedergabe des Werkes durch einen erfahrenen Schreiber (Leid I) einen bedeutend brauchbareren und leserlicheren, wenn auch nicht immer richtigen Text ergeben hat als die im übrigen gewiss sorgfältige Originalabschrift eines Kalligraphen (Vat). Die Schwierigkeit, eine arabische Handschrift etwa des 5. Jahrhunderts d. H. zu lesen, trägt daran allerdings die Hauptschuld.

Wie wir uns das Stemma der MSS denken, ist im Gesagten bereits enthalten. Die gemeinsame Quelle von Leid und Lo ist nicht abhängig von Leipz oder Vat; denn sie enthält deren Fehler nicht. Vat wäre überdies zu jung (9).

(1) vgl. S. XXIII Anm 12; ferner ١١, 8 fehlt الكتاب, mildert; ٢٥,7 fügt فى كل hinzu, ändert.

(2) *Supplement of the Catalogue of the Arabic MSS in the British Museum,* London 1894, S. 757.

(3) ٩, 4 هؤلاء st. هذه (Leid). 6 لارشد st. لارشاد; ١٠,1 متحانا entspricht امكانا (Leipz); ١٥, 4 لنجمع st. ليجتمع (wie Vat); ١٦,3 بها st. بما (wie Leipz, alter Fehler).

(4) ٩,11 الاحاديث st. لدين; ١٠,1 وغلوا st. وعلوا; ١٠,4 للذين st. للدين; ١٢,8 بفحوى st. بفحوى; ١٣,1 تعبيرا st. تغبيرا; ١٣,2 قصدوا st. تصدوا; ١٣,8 الطريق st. الطرق usw.

(5) vgl. S. XXII Anm 1.

(6) vgl. S. XXIII Anm 1.

(7) z. B. ١٣,4 وجب (Vat) st. اوجب; ١٤,4 والجهل (Vat) st. اوالجهل; ١٥.4 خرجناها (Vat) st. اخرجناها; ١٥ 6 والقتيبى (Leipz) st. او الفتيبى; ٢٨,3 فتحيزون (Vat, Leid) = افتحيزون (Leipz); ١٣,8 او معانيها (Vat) st. ومعانيها usw.

(8) Ein Fehler im Original, der durch alle MSS geht, ist wohl النصح (٩,10); nur Leid verbessert ihn in النطق. Ebenso ist es vermutlich S. ١٠,1 mit dem kaum verständlichen امكانا (Leipz), das durch das noch unmöglichere امتحانا (Lo) gesichert wird. Leid hat die glatte Lesung مكانا, die sich auffallenderweise ebenso in Vat findet, vgl. Anm. 7.

(9) Die Varianten ١١, 8 (تسرة) beleuchten noch einmal gut die Sachlage. Vat liest sinnwidrig تَنْشُرة; Leid, Lo haben richtig تَسْتُرة, Leipz ebenfalls sinngemäss, aber nicht so exakt تُسِرّة. Die diakritischen Zeichen fehlten offenbar im Original.

4. – Erklärung der Zeichen.

In dieser Veröffentlichung ist der Text der ältesten erreichbaren Handschrift, des Kodex Leipz wiedergegeben worden. Die Abweichungen der anderen Manuskripte wurden als Varianten im Apparat vollständig notiert. Text und Apparat erlauben darum für jede Stelle, die Lesung aller benutzten Kodizes festzustellen (1). Fast ausschliesslich an solchen Stellen, wo sich im Kodex Leipz leicht nachweisbare Fehler fanden, wurde seine Lesung in den Apparat verwiesen und durch ein Zeichen * darauf aufmerksam gemacht (2). Im Text steht dann die in diesen Fällen fast immer übereinstimmende Lesart der anderen Handschriften. Wie üblich wurde im Text die allgemein gebräuchliche Orthographie eingehalten. Im Apparat sind dagegen die Varianten so notiert, wie sie sich in den betreffenden Handschriften finden. Die Orthographie der Manuskripte kann indessen auch für den Text aufgrund der gegebenen Handschriftenbeschreibung einigermassen erschlossen werden. Wie zu erwarten, bezeichnet keine Handschrift Madda oder Tašdīd; auch eine Zählung der Abschnitte findet sich nicht.

Mit einem	*lām*	wird der	Leipziger Kodex bezeichnet,
mit	*nūn*	der	Leidener,
mit	*bā'*	der	Londoner aus dem Britischen Museum,
mit	*fā'*	der aus dem	Vatikan.

* gibt an, dass die Lesart des Kodex Leipz nicht im Text, sondern im Apparat aufgenommen ist.

Ein	*zāy*	bedeutet einen	Zusatz,
ein	*ṣād*	eine	Auslassung;
mit	*ġain*	wird eine	Umstellung angedeutet. Im Apparat werden

immer zuerst in Klammern die Worte des Textes wiedergegeben.

Mithin bedeutet zum Beispiel:

(*ḏālika*) *ṣ n*, dass das *ḏālika* des Textes d. h. der Kodizes Leipz, Lond, Vat im Leidener Kodex fehlt.

(1) Leider hat der Krieg eine nochmalige Kollation des Kodex Leid unmöglich gemacht.

(2) Es handelt sich etwa um folgende Stellen: (S.) ٨, (Z.) ١٣ ; ٩, ٩. ١٤ ; ١١, ١٣ ; ١٢, ١٠. ١٤ ; ١٣, ١٧ ; ١٥, ٣. ٩ ; ١٦, ٦. ٧ ; ١٨, ٦. ١١. ٢٠ ; ١٩, ١. ٢ ٣. ٥. ١١ ; ٢١, ٥ ; ٢٢, ٩. ١٢ ; ٢٧, ٥ ; ٢٩, ١٦ ; ٣١, ٣. ٦ ; ٣٢, ١٤ ; ٣٣, ١١ (2 ×). ١٨ ; ٣٤, ٧ ; ٣٥, ٦. ٨ ; ٣٦, ١٢. ١٧ ; ٣٨, ١٠ (2 ×); ٣٩, ١. ١٠ ; ٤١, ٢.

(*maʿnà annahu*) *z l bihi*

heisst: zu *maʿnà annahu* ist im Leipziger Kodex ein *bihi* hinzugefügt; die anderen Kodizes haben es nicht.

(*waʾan*) *f faʾan*

heisst: für *waʾan* steht im Vatikanischen Kodex *faʾan*; nicht so in den anderen Manuskripten.

(*taqdīr watadbīr*) *ġ b*

heisst: die Worte *taqdīr watadbīr* des Textes sind im Kodex des Britischen Museums umgestellt; dort allein steht also *tadbīr wataqdīr*.

Sonstige Abkürzungen:

EI = *Enzyklopädie des Islām.*

GAL = C. Brockelmann, *Geschichte der arabischen Litteratur.* 2Bde. Weimar 1898, Berlin 1902, und Supplementbände. Leiden 1937 ff.

WZKM = *Wiener Zeitschrift für die Kunde des Morgenlandes.*

ZDMG = *Zeitschrift der Deutschen Morgenländischen Gesellschaft.*

ZS = *Zeitschrift für Semitistik.*

ÜBERSETZUNG

I. METHODE UND PRINZIPIEN.

Basmala.

Im Namen Gottes, des Barmherzigen, des Erbarmers.

Gott segne seinen Propheten Mohammed und sein Haus und gebe ihnen den Heilsgruss. Abū Muḥammad ʿAbdalmalik ibn al-Ḥasan aṣ-Ṣaʿlī (?) hat uns berichtet: Es sprach Abū Bakr Muḥammad ibn al-Ḥasan ibn Fūrak, der Ašʿarit aus Ispahan. Er sagte:

(1) Preis sei Gott, der da mit seiner Gnade Huld erweist und mit seinen Wohltaten und Gaben an sich zieht, der besondere Leitung zuteil werden lässt, wem er will, ohne ein Bedürfnis danach und sie versagt, wem er will, ohne Mangel und Schaden. Er gab allem Geschaffenen durch seine Allmacht Existenz, er ordnet es planvoll in seiner Allwissenheit und lenkt es nach seinem Entschluss und Willen. Seine Schöpfungstaten beweisen seine Weisheit, seine Werke zeugen für seine Macht und Grösse. Alles Geschaffene ist Zeuge für seine Einzigartigkeit, und jedes Geschöpf weist hin auf seine Gottheit und Majestät. Er bleibt einzig in den Eigenschaften der Grösse und Erhabenheit als der Ewige, ohnegleichen in seinen schönen Namen als der Anfanglose, heilig ohne Bedürfnisse, frei von Schäden, unberührt von allen Arten Fehler und Mängel, erhaben darüber, dass ihm Glieder, Behelfe oder Werkzeuge, Ruhe, Bewegung, Wünsche und Eingebungen zugeschrieben werden. Er ist vielmehr unbedürftig eines jeden auf Erden und im Himmel. Grenzen und Enden darf man in ihm nicht denken, und Zustände und Berührungsvorgänge gibt es bei ihm nicht. Für ihn gelten nicht Zeiten und Stunden, Zunahme und Abnahme begegnen ihm nicht. Er ist ohne Grenzen, hat Eigenschaften ohne Wie, ist anzurufen ohne Wo, ist anzubeten ohne etwas, das ihm ähnlich wäre. Die Vorstellung vermag sich kein Bild von ihm zu machen, und der Verstand vermag ihn nicht zu fassen. Beweise und sichtbare Zeichen erfassen das innere Wesen seiner Grösse nicht. Was er geschaffen hat, hat er nach getrennten Arten und gemeinsamen Gattungen geschaffen, und dadurch weist er die Einsichtigen darauf hin, dass er ausserhalb jeder Art und Gattung steht, ferne von allem, was Bild und seinesgleichen hat.

(2) Wir preisen ihn wegen seiner Gnaden immer wieder. Wir danken ihm wegen seiner Wohltaten zuerst und zuletzt. Wir nehmen vor Sünde und Fehlern

unsere Zuflucht zu ihm. Wir bitten um Beistand, dass er uns recht leite in Wort und Werk, und bitten um Hilfe, dass er seine Wohltaten und Erbarmungen, die er begonnen hat, zu Ende führe. Wir bekennen seine Einheit und dass er allein die neuen Schöpfungen in ihrer Mannigfaltigkeit hervorbringt: zu Nutzen und Schaden, in Geben und Verweigern, als Gutes und Böses. Alles ist sein gerechter Entschluss und seine billige Anordnung und Führung. Und wir bekennen, dass Mohammed sein Knecht, sein Gesandter, sein Auserwählter und seine beste Gabe ist. Er hat ihn mit der Wahrheit in die Schöpfung gesandt, als guten Boten und als Mahner, aufrichtig und zuverlässig. Er hat durch ihn die Ausflucht abgeschnitten, den Beweis Gottes vollkommen gemacht und das Prophetentum besiegelt. Er segne ihn im besonderen und die anderen Gottesgesandten, die Propheten, die Engel, die Freunde Gottes, und alle, die ihm dienen, im allgemeinen, und er schenke ihm den Heilsgruss.

Kapitel 1.

Die aṣḥab al-ḥadīṯ und ihre Gegner.

(3) Ich bin auf deinen Wunsch eingegangen, — Gott beglücke dich und gebe uns Erfolg zur Vollendung dessen, was wir begonnen haben — nachdem ich den Ausdruck (Leid) und die Darstellungsweise gewählt habe, die einem nach deinem Bedürfnis diktierten Buch entspricht. Wir wollen darin die allgemein bekannten Hadīṯe, die vom Propheten überliefert werden, zur Darstellung bringen, soweit ihre äussere Gestalt an die Lehre von der Ähnlichkeit Gottes mit den Geschöpfen denken lässt und sich die Irrlehrer ihrer zur Zerstörung der Religion bedienen. Diese verunglimpfen damit insbesondere die Schule, deren Sprache und Erklärung in Wahrheit durchsichtig (*ẓāhirīya*), deren Macht, Hoheit und Stellung sichtbar, deren Glaubenslehre rein ist von den Makeln der Lüge sowie von falschen Neuerungen und verderblichen Irrlehren. Sie ist dafür bekannt, dass sie die Männer der Tradition umfasst (*aṣḥāb al-ḥadīṯ*), die zwei Richtungen angehören. Eine davon wird gebildet von den Männern der Überlieferung und Tradition, deren Sorgfalt in der Weitergabe der Überlieferungen immer zunimmt, und deren Bemühungen um die Feststellung der Überliefererketten, die Abkürzung ihrer Isnāde und die Unterscheidung zwischen echten und schwachen Überlieferungen zahlreicher werden. Diese Arbeit überwiegt bei ihnen, sie werden daran erkannt und dieser Gruppe zugeteilt. Bei einer anderen Richtung überwiegt die rechte Handhabung der rationalen und syllogistischen Methoden (*ṭuruq an-naẓar wal-maqāyīs*) und die Klarstellung des Ranges der abgeleiteten Erkenntnisse (*furūʿ*) aufgrund der Prinzipien sowie die Bekämpfung der Zweifel

derer, die hier Unklarheit verbreiten, und die Erklärung der verschiedenen Arten von Zeugnis- und Wesensbeweisen im Anschluss an die Grundbedeutungen der Worte. Die erste Gruppe ist für die Religion das, was die Schatzmeister für den König sind; die andere Gruppe entspricht den Feldhauptleuten, die von den Schätzen des Königs jeden zurückweisen, der sie angreifen und antasten will.

(4) Ihr erinnert euch, dass die Neuerer, die verderblichen Irrlehrer, die von den Lehren des Koran und der Sunna abweichen, wie die Ǧahmīya [1], die Muʿtazila, die Ḫawāriǧ, die Rāfiḍa, die Ǧasmīya und alle die anderen Verbreiter müssiger Irrlehren, die unsere Richtung anfeinden, beständig darauf ausgehen, unsere Gruppe zu schmähen, indem sie ähnliche Traditionen wie diese beibringen und unter den schwachen Ḥadīṯen damit Verwirrung zu stiften trachten, weil sie fälschlich der Meinung sind, diese enthielten etwas, was mit der Lehre von Gottes Einheit (*tauḥīd*) nicht übereinstimmt und was in der Religion nicht richtig ist. Sie behaupten, dass unsere Richtung solches duldet, weil sie an der wahren Bedeutung der Worte im Sinne der bei den Geschöpfen bekannten Zustände und der bei ihnen allgemein anerkannten Eigenschaften, ihren Gliedmassen und ihren Werkzeugen festhält. Sie geben sich damit ab und entfernen sich selbst von den Bedeutungen der Worte und vernachlässigen ihren Sinn. Dann beschuldigen sie die anderen des gottlosen Tašbīh und der Sorglosigkeit der Irrlehrer und Leugner der Attribute Gottes (*ahl al-ilḥād wat-taʿṭīl*) und wissen dabei nicht, dass diese nur überliefern, was sie vom Propheten überkommen haben und nur das weitergeben, was sie von glaubwürdigen Männern und diese von ihm gehört haben. Sie haben an den Prinzipien der Religion und den Wahrheiten des Tauḥīd aufgrund der rationalen Beweise und der Überlieferung festgehalten und überliefern beides so, dass ihre Prinzipien übereinstimmen, unterstützt durch das, was die rationalen Beweise als richtig bezeugen. Nur diese Neuerer wenden sich, indem sie das überliefern, was die Mulḥida und Muʿaṭṭila überliefert und zur Verwerfung des Korans vorgebracht haben, zur

(1) Das Haupt dieser Sekte war Ǧahm b. Ṣufwān. Er leugnete, dass Gott lebendig und wissend sei; denn das seien Attribute der Geschöpfe, und wer sie von Gott aussage, verfalle dem Tašbīh. (Vgl. Aš-Šahrastānī, *K. al-milal wan-niḥal,* Ed. Cureton Seite 60). *Al-gahmīya aṣḥāb Ǧahm b. Ṣafwān wahwa min al-ǧabarīya al-ḫāliṣa; ẓaharat bidʿatuhu bi-Tirmiḏ, waqatalahu Sālim b. Aḥwaz al-Māzinī bi-Marw fī āḫir mulk banī Umayya; wawāfaqa al-Muʿtazila fī nafy aṣ-ṣifāt al-azalīya wazāda ʿalaihim biʾašyāʾ; minhā qualuhu lā yaǧūzu an yūṣafa al-bāriʾ taʿālà biṣifat yūṣafu bihā ḫalquhu liʾanna ḏālik yaqtaḍī tašbīh. fanafà kaunahu hayy, ʿālim, waʾaṯbat kaunahu qādir, fāʿil, ḫāliq, liʾanna lā yūṣafu šayʾ min ḫalqihi bil-qudra wal-fiʿl wal-ḫalq.* Er wurde im Jahre 128 getötet. Aš-Šahrastānī rechnet ihn auch zu den Ḫawāriǧ (a. a. O. Seite 103). Näheres über die erwähnten Sekten und ihre Lehre von Gott findet sich in der interessanten, offenbar auf guten Quellen beruhenden 3. Muqaddima von aš-Šahrastānī a. a. O. Seite 8 Mitte usw. Zu den Sekten vgl. ferner die betr. Artikel der EI; D. B. Macdonald, *Development of Muslim Theology.* London 1903; sowie die Sektenbücher; zu Ǧahm b. Ṣ. s. al-Ašʿarī-Ritter S. ١٤ (s. u. S. 25 Anm. 1).

Verhöhnung und Verwerfung unserer Schule. So greift man den Koran durch die Behauptung von Dingen an, die, wo es sich um die Erklärung seiner dunklen Stellen handelt, von der Kenntnis des Sinnes und Grundbedeutung der Worte entfernt sind.

(5) Es gibt nämlich zwei Arten von Koranversen. Erklärung und Offenbarung der einen Art sind leicht durchsichtig. Man versteht nach dem äusseren Wortlaut und den Versen selbst, was damit gemeint ist. Der Sinn einer zweiten Art von Versen wird nur durch Zurückführung auf das leicht Verständliche verstanden, dem die Art und Weise seiner Erklärung zu entnehmen ist. Ebenso ist es mit den Traditionen (*aḫbār*) des Propheten, die in dieser Weise überliefert und geoffenbart sind. Ein Teil davon gehört zur durchsichtigen Rede, die zu ihrer Erklärung sich selbst genügt; aber andere benötigen zu ihrer Erklärung etwas anderes. Das entspricht auch der Weise, wie die Araber reden, und der Art, wie die Kenner der Sprache die Erklärungen bieten, weil nicht jede Rede durchsichtig und leicht verständlich war, sodass sie die Erklärung und den Kommentar hätte entbehren können. Es war aber auch nicht jede ihrer Reden dunkel und vieldeutig und verlangte nach weiterer Erklärung und Kommentar. Wenn aber die Beweise über Gott, soweit die Vernunft eindringt, von verschiedener Art sind, so sind es auch die Traditionsbeweise, und wie die dunklen Vernunftargumente den leicht verständlichen nicht widerstreiten, sodass die Vernunftargumente überhaupt hinfällig würden, so widerstreiten auch die dunklen Traditionsargumente den leicht verständlichen nicht. Gott wollte durch sie nur diejenigen, denen die Wissenschaft gegeben ist, zu besonderen Würden und zu Rangstufen in ihr erheben, durch welche er ihre Stellung von denen unterschied, denen er eine ähnliche Gunst nicht verliehen hat [1]. Wenn die Vernunftargumente trotz ihres Unterschiedes in leichter Verständlichkeit und Dunkelheit nach den meisten Irrlehrern gültig sind, so verhält es sich ebenso mit den Beweisen des Korans, wenn sie die Eigentümlichkeiten, Namen, Eigenschaften und besonderen Vorzüge des Schöpfers und der Geschöpfe erweisen. Ebenso macht die Unwissenheit derer, die die Bedeutungen der Traditionen nicht kennen, die nach Gruppen erfolgende Zusammenfassung der Traditionsargumente, das heisst der Überlieferungen in ihren verschiedenen Gruppen, nicht unmöglich.

(6) Diese Vorrede zeigt bereits die Unwissenheit der Neuerer, wenn sie die Männer der Überlieferung unserer Schule kritisieren, weil sie Traditionen die diesen ähnlich sind, überliefern. Sie macht dir auch klar, dass die Konsequenz dieser Lehre den, der sie vorträgt und an sie gebunden ist, mit demselben Mittel zur Abschaffung des Korans wie zur Abschaffung der Sunna führt. Wenn man behauptet, dass die dunklen Verse, welche im Koran überliefert werden,

[1] Vgl. Koran 58, 12.

nach ihren eigenen Bedeutungen und den Methoden sprachlicher Art erklärt und richtig dargestellt werden können, ohne dass sie zu Tašbīh und Taʿṭīl führen, so gilt das Gleiche von diesen Traditionen. Die Methoden zur Erklärung ihrer Bedeutungen und Prüfung ihrer Arten werden in der Weise gehandhabt, dass man dadurch sowohl dem Tašbīh als auch dem Taʿṭīl entgeht.

(7) Es hat sich also ergeben, dass diese Neuerer mit ihrer Schmähung nur die verderblichen Lehren aufdecken müssen, die sie in unserer untadeligen Gruppe insgeheim ausstreuen, an welcher in Wahrheit offenbar wird, in welcher Weise die Irrlehrer mit Hilfe der Schwierigkeit der Koranverse der ganzen Gemeinde des muslimischen Gesetzes Fehler nachzuweisen suchen, da ihnen die verschiedenen Arten dieser Verse bekannt und die Methoden ihrer richtigen Erklärung klar sind. Sie gehen also wegen ihrer verkehrten Gedanken und ihres Zornes gegen die Gemeinde des Islāms nur auf Schmähung und Tadel aus.

Kapitel 2.

Die Stellung al-Auzāʿīs [1].

(8) Die Art und Weise, in der diese Überlieferungen erklärt werden, und die Mittel, mit denen man die Kritik tadelsüchtiger Gegner an den Männern der Traditionen (*ahl al-āṯār*) zurückweist, sind dir jetzt schon bekannt. Nun wollen wir die Lehre früherer Gelehrten über diese Sache klarstellen, weil behauptet worden ist, man habe die Traditionen dieser Art nur überliefert, um ihren Wortlaut unversehrt zu bewahren sowie ihre Annahme und Übernahme ohne Untersuchung nach ihrer Bedeutung und ihren Arten zu erreichen. So wird zum Beispiel von al-Auzāʿī und anderen in dieser Sache dem Sinne nach überliefert, er habe von diesen Traditionen gesagt: " Gebt sie weiter, wie sie überkommen sind ". Sie jedoch zu erklären, sei mit den Aussprüchen jener alten Lehrer nicht vereinbar. Was wir in dieser Sache beabsichtigen, widerspricht ihrer Lehre indessen nicht, und so sagen wir: Wenn diese Lehrer im Falle ähnlicher Traditionen einen solchen Weg gegangen sind, dann ist es bei ihnen so zu verstehen, dass sie von der Erklärung der Traditionen die ferngehalten haben, welche nicht auf dem rechten Weg zur Bestimmung ihrer Gattungen sowie zur Erklärung ihrer Bedeutungen und ihrer Überlieferungswege sind, damit sie nicht zu einem der beiden Irrtümer kommen, entweder zum Bekenntnis des Tašbīh und zur Aussage von Eigenschaften über Gott, die man

[1] Abū ʿAmr ʿAbdarraḥmān ibn ʿAmr ibn Yuḥmid al-Auzāʿī, der ' Imām von Syrien ', Lehrer von Mālik ibn Anas, st. 157 = 774 vgl. O. Spies, *Die Manāqib des al-Auzāʿī,* ZS 10 (1935) 189; GAL, Suppl I 308.

bei ihm nicht annehmen darf, oder zu ihrer gänzlichen Abschaffung, weil dem Erklärer die Aufhellung der Tradition unmöglich ist. Es ist klar, dass Gott, nachdem er (Q. 3. 5) die beiden Klassen von Koranversen, die leicht verständlichen und die dunklen, erwähnt hatte, mit der von ihm beabsichtigten Bedeutung des Wortes: "Und die in der Wissenschaft Erfahrenen sprechen, wir glauben daran", die in der Wissenschaft Unerfahrenen davon abgeschreckt hat, sich der Erklärung der dunklen Koranstellen zuzuwenden. Diese Auffassung hat er am Ende des Verses noch bestätigt durch das Wort: "Es erwägen nur die, die verständigen Herzens sind" das heisst: Es erwägen die Bedeutungen der dunklen Stellen und das Forschen nach der Wahrheit nur die richtig, die mit Verständnis, Geist und Einsicht begabt sind ([1]). Darauf weist dich auch hin, was von al-Auzāʿī überliefert wird. Er wurde nach einer dieser Traditionen gefragt. Da antwortete er wie einer, der weiss, dass er die Antwort darauf kennt. Er wurde nämlich nach dem Wort des Propheten gefragt: "Gott — er ist gesegnet und erhaben — steigt jede Nacht auf den Himmel der irdischen Welt herab". Da antwortete er: "Gott tut, was er will." Und das ist eben die Untersuchung nach dem Sinn von 'Herabsteigen'. Ja, er hat sogar seinen klarsten Sinn aufgedeckt und ausgeführt, es sei ein Tun Gottes, in welchem er seine Allmacht zeige, das keine Veränderung und keinen Wandel in ihm verlange; so sei es auch mit den anderen Taten, in denen er sich offenbare. Mit dem Erklären der Tradition hat al-Auzāʿī wirklich das Richtige getroffen; denn die Gelehrten nach ihm haben bis auf die jetzige Zeit die Erklärung dieser Überlieferung unternommen, aber zu seiner Lehre nichts hinzugefügt. Das zeigt dir, dass ihr Vorhaben bei der Anweisung, die Traditionen so weiterzugeben, wie sie überkommen sind, nur darauf hinzielt, diejenigen von der Beschäftigung mit ihrer Erklärung abzuhalten, welche nicht zu den Gelehrten gehören, auch wenn sie sich zu ihrer Echtheit bekennen.

Kapitel 3.

Die Bedeutung des Koranverses 3, 5.

(9) Es wird dir über das, was wir gesagt haben, eine deutlichere Erklärung gegeben. Die wichtigste Art, wie die Neuerer (*mubtadiʿa*) die Anhänger der Überlieferung (*ahl an-naql*) unserer Schule angreifen, ist nämlich die Anführung ihrer Tradition: "Ihr werdet überliefern, was ihr nicht versteht, und weitergeben, was ihr nicht begreift. Der Erklärung seines Sinnes sollt ihr euch ent-

([1]) Das ist im Koran nicht gemeint.

halten." Der Prophet hat dieses Wort, wenn es echt ist, nur gesagt, damit man an einem Sinn, einer gangbaren Bedeutung und einem hinzukommenden Inhalt festhält. Wenn man also bei der Überlieferung von Traditionen nur die Wiedergabe ihrer Worte vorfindet, ohne dass man einen Sinn verstehen kann, so darf man einen Mangel, an dem der Prophet unschuldig ist, nicht auf ihn zurückführen, nämlich diesen, dass jemand Worte wiedergibt, mit denen er nichts sagen will, und dass die Leute überliefern, was sie nicht verstehen. Ebenso ist es auch, wenn die Irrlehrer wegen der dunklen Koranstelle (3, 5) die Verteidiger des Interpretierens angreifen, welche sagen: Man folgt einer Sonderansicht, wenn man meint, im Koran sei etwas enthalten, dessen Erklärung nur Gott versteht, wenn man mit dem Wort: 'Und die in der Wissenschaft Erfahrenen...' neu beginnt und das 'Und' als 'Und' des Wiederbeginnens (*wāw istīnāf*), aber nicht als 'Und' der Verbindung (*wāw ʿatf*) ansieht (1), obwohl doch die Lesung des Korans eine fromme Handlung, eine Sunna und ein Werk der Übergebühr ist, mag jemand ihren Sinn verstehen oder nicht. Die Traditionen und Überlieferungen aber werden nur wegen ihrer Bedeutung und ihres Sinnes tradiert, nicht wegen ihrer Worte allein. Mit der Antwort unserer Anhänger, die vorangegangen und nachgefolgt sind, antworten wir somit: Alle Einwendungen, die ihr gegen die Überlieferer dieser Traditionen erhebt, sind kein [stichhaltiger] Einwand; vielmehr haben alle Traditionen, die echt sind, einen richtigen Sinn und eine verständliche Bedeutung, die nach den Gesetzen der Sprache zu erklären sind und entsprechend dem, was unter den Sprachkennern in ähnlichen Fällen geläufig ist, bestimmt werden müssen. Das Verhältnis dieser Traditionen und der dunklen Koranstellen ist in diesem Punkte ein und dasselbe, nur dass die Worte des Koran genau bestimmt sind und ihr Sinn geklärt ist, während die Worte der Überlieferungen entsprechend den Traditionswegen, auf denen sie überkommen sind, und entsprechend den Klassen, in die wir sie einordnen, angenommen werden. Ihre Einteilungen und ihre Klassen werden wir angeben. Wenn dem so ist, und dieser Angriff der Gegner hinfällig ist, dann bleibt nur übrig, dass wir ihre Art und ihre Bedeutungen erklären, damit man den Zweck ihrer Überlieferung erfährt und die, welche die Tradition vom Hören im Gedächtnis haben, mit ihrer Bedeutung bekannt werden.

(1) Sie lesen also: 'Ihren Sinn versteht nur Gott. Und die in der Wissenschaft Erfahrenen sagen...' und nicht, wie Ibn Fūrak will: 'Ihren Sinn versteht nur Gott und die in der Wissenschaft Erfahrenen, wobei sie sagen...' Seine Deutung ist jedoch kaum haltbar.

Kapitel 4.

Falsche Folgerungen aus den gegnerischen Ansichten.

(10) Wir geben dir weitere Erklärung und Darlegung: Nach dem Gesagten muss man folgendermassen verstehen: Mag jemand, welcher lehrt, man solle die echten Traditionen annehmen, auch seinen Worten nach auf das Eindringen in die Erforschung ihrer Bedeutungen verzichten, wie könnte er wohl im Herzen darauf verzichten, entweder etwas davon zu glauben oder sich dem Zweifel und Verzicht gegenüber allen ihren Bedeutungen hinzugeben? Inwiefern ist aber der Zweifel besser als das Wissen, und der Verzicht auf das Denken richtiger als das Streben nachzudenken, damit man den Sinn dessen versteht, was überliefert wurde, um allmählich erfasst und schliesslich verstanden zu werden (1)? Die ganze Bedeutung jener Lehre ist darin, dass sie den, der ihren Verteidiger anhört, abhält, die Erforschung des Sinnes und die Untersuchung zu betreiben, ferner dass man beim Behaupten oder Nichtwissen stehen bleibt, wo ein Weg zum Wissen möglich und der Versuch, den Sinn herauszufinden, leicht ist, und zwar, obschon der Verteidiger dieser Ansicht dann auch vor den dunklen Koranstellen haltmachen und etwaige Gedanken darüber einsperren müsste. Das führt ihn aber zur Verwerfung der Gefährten des Propheten und ihrer unmittelbaren Nachfolger (*ṣaḥāba* und *tābiʿūn*), weil diese nach solchen Wegen gesucht und dazu aufgemuntert haben. Darum hat auch Gott befohlen, der Erklärung seiner Koranverse nachzugehen und über ihre klare Darstellung nachzudenken, als er den Gelehrten von der Einreihung in verschiedene Rangstufen und Würdeklassen Kunde gab (Q. 58, 12). Wisse, das Tadelnswerte daran ist dieses, dass dein Herz, wenn die Bedeutung ähnlicher Traditionen in Frage steht, zuerst fest an das glaubt, was zum Tašbīh und zur Aussage von Dingen über Gott führt, die bei ihm unzulässig sind, wie Gliedmassen, Bewegungen und Werkzeuge. Weiter ist zu tadeln, dass man auf die Traditionen und auf das Erforschen der darin enthaltenen Wahrheit verzichtet, weil man sich einbildet, es sei unmöglich, die Wahrheit darin zu finden. Man überlässt sich der Schwäche und gewöhnt sich an Nachlässigkeit im Streben nach der Wahrheit, obschon es ein dem Herrn wohlgefälliges Werk ist, und nicht minder im Suchen nach dem Verständnis des Wortes desjenigen, dessen Name gross ist, sowie des Wortes seines Gesandten. Die Widerlegung der Behauptungen der Gegner und ihrer verkehrten

(1) Ibn Fūrak scheint eine erkenntnismässige Durchdringung der Ḥadīṯe im Laufe der Entfaltung des Islāms anzudeuten.

Vorstellungen, mit welchen sie die Anhänger der Wahrheit angreifen, geschieht in geeigneter Weise und hat den Zweck, ihnen das Zeugnis Gottes klarzulegen und den Sieg der Wahrheit darzutun; sie erfolgt durch Darlegung der Argumente und dessen, was in den Bedeutungen enthalten ist. Man kann also nicht vorher stehen bleiben. Nun gilt es nur noch, die Bedeutungen auf die gleiche Weise zu durchdenken, wie man das gesprochene Wort erklärt, ohne zur Verwerfung der Tradition zu kommen oder zur Behauptung, ihr Sinn sei unbekannt, weil man ihn nicht versteht, und schliesslich auch nicht zur Lehre vom Tašbīh des Schöpfers mit dem Geschöpf.

Kapitel 5.

Frühere Literatur zum Thema.

(11) Nachdem ich nun euerm Verlangen soweit entsprochen habe, richte ich meine Aufmerksamkeit auf die Werke, die die Gelehrten vor mir über das Thema in ähnlichem Sinne übereinstimmend oder abweichend verfasst haben; z. B. das Buch von Muḥammad ibn Šuǧāʿ aṯ-Ṯalǧī über diesen Gegenstand, das Buch von ʿAbdallāh ibn Muslim al-Qutaibī und das, was zuletzt Abū l-Ḥasan ibn Mahdī abgefasst hat. Ich habe gefunden, dass jeder Autor einen Ausschnitt der Sache und einen kleinen Teil seiner Bemühungen um teilweise Aufhellung der Bedeutungen vorgelegt hat. Nach meiner Meinung hat alles, was man vorgebracht hat, nicht das Ganze erschöpft, was behandelt werden konnte. Wir haben nämlich mehr Traditionen, die erklärt, nach ihren Bedeutungen untersucht und richtig dargestellt werden müssen, gefunden, als sie erwähnt haben. Darum haben wir beschlossen, diese Traditionen zu denen, welche sie behandelt, erklärt und mit verschiedenen Auffassungsweisen bereichert haben, am jeweiligen Ort hinzuzufügen. Wir werden dazu Ergänzungen geben, die wir nach unserer Methode gewonnen haben, damit unser Buch nicht zusammengetragen und ausgeschrieben ist, und man daran tadeln könnte, dass irgend jemand diesen Stoff bereits vorgelegt und in einem Buch behandelt habe. Was die Früheren vorgelegt haben, wollen wir für dich in unserem Buch zusammenfassen und die von uns erkannten Bedeutungen dieser Traditionen hinzufügen; wir wollen auch die Bedeutungen der Überlieferungen, welche sie nicht erwähnt haben, anfügen und, wo Varianten für das Überkommene vorhanden sind, auf Versehen in der Wiedergabe aṯ-Ṯalǧīs und al-Qutaibīs hinweisen. Dabei folgen wir den Prinzipien, welche das Band von Tauḥīd und Sunna sind. Wir werden es ganz knapp im Ausdruck und klar in der Darlegung nach der von uns bestimmten Anordnung bieten.

Kapitel 6.

Vorauszuschickende Grundsätze.

(12) Erklärung dessen, was man über die Prinzipien dieses Gegenstandes, wenn es Gott gefällt, notwendig wissen muss.

Wisse: Die Regeln des Kalām in dieser Materie, die man notwendig wissen muss, und die Prinzipien, auf die sich der Kalām in dieser Materie aufbaut und stützt, sodass die Bedeutungen der Traditionen, welche wir in dieser Sache vorlegen, und der Hinweis auf die Arten ihrer Erklärung, sich danach richten, sind mancherlei. Du musst wissen, dass Gott ein einziges Sein ist, von dem man nicht annehmen darf, dass er Teile habe und in unterschiedenen Teilen existiere, dass ferner in seinem Wesen nichts Zusammengesetztes und nichts Getrenntes ist, und dass schliesslich Berührung mit den Kreaturen und den Geschöpfen Nachbarsein nicht zu Recht von ihm ausgesagt werden. Die Frucht dieser Erkenntnis ist, festzuhalten, dass es unrichtig ist, Gliedmassen, Teile, Werkzeuge, Glieder und Existenz an Orten von ihm auszusagen, weil er sich an ihnen niederlasse und ihnen benachbart sei. Grund dafür ist auch die Lehre, dass es nicht richtig ist, Gott sei ein Körper oder eine Substanz, und man darf nicht denken, dass der Erhabene Grenzen und Ende habe.

(13) Weiter musst du dann verstehen, dass die Leugnung der Ähnlichkeit Gottes mit den Geschöpfen in jeder Rücksicht nicht bedeutet, man dürfe von Gott nicht aussagen, was von den Kreaturen ausgesagt wird, z. B. Eigenschaften, für welche es auf beide passende Ausdrücke und Worte gibt, deren Grundbedeutungen und übertragener Sinn, die den jeweiligen Definitionen entsprechen, für beide nicht verschieden sind. Eine solche Aussage ist aber dann unmöglich, wenn Inkommensurabilität und solche Eigenschaften vorliegen, welche die Definitionen und Grundbedeutungen nicht gemeinsam haben, abgesehen davon, dass die Leugnung der Ähnlichkeit zwischen Schöpfer und Schöpfung in Wahrheit darauf hinausläuft, dass man nicht denken darf, Gott sei ein Wesen, von dem man etwas seinem ganzen Sinne nach aussagen könne, wie es vom Geschöpf ausgesagt wird, wenn es eine ähnliche Eigenschaft hat [1]. Grundlage

[1] Mit diesem ziemlich wenig durchsichtigen Satz ist, wenn wir ihn richtig wiedergegeben haben, die Lehre von der analogia entis allerdings anspruchslos und schulmässig formuliert und als der eigentliche Sinn der Ablehnung des Tašbīh bezeichnet. Es wird gesagt:

a) Es gibt Prädikate, die sowohl von Gott als von den Geschöpfen ausgesagt werden.

b) Für diese Prädikate gilt in beiden Fällen dieselbe Definition; denn wäre das nicht der Fall, so wären sie schlechthin disparat und inkommensurabel. Es würde Äquivokation drohen.

c) Unbeschadet dessen bleibt, dass die Prädikate so, wie sie von den Geschöpfen ausgesagt werden,

hierfür ist die richtige Erkenntnis der beiden ähnlichen und zu vergleichenden Gegenstände.

(14) Du musst hier auch erkennen, das es falsch ist zu sagen, 'die beiden ähnlichen Wesen' bedeute soviel, als könnten beide auf dem Wege der Bejahung oder Verneinung denselben Namen oder e i n e n Seinsinhalt oder e i n e [Wesens]-beschreibung gemeinsam haben.

(15) Ferner muss man wissen, dass die Wahrheit hierüber unsere Lehre (1) ist, dass die beiden ähnlichen Wesen ihre Eigenschaften und Bestimmungen möglicherweise und notwendig gemeinsam haben. Was aber eines von beiden als Bestimmung ausschliesslich für sich beansprucht, kann dem anderen in keiner Weise zukommen (2). Es ist also dem anderen entgegengesetzt, weil es sich darin von ihm entfernt, oder wenigstens ihm unähnlich, nachdem von beiden nicht ausgesagt werden darf, sie seien entgegengesetzt.

(16) Weiter musst du dann die Wege zur Feststellung von Gottes Namen und Eigenschaften verstehen und die Verkehrtheit des Wortes derer begreifen, die sagen: Den Weg dazu weist das, was in der Sprache richtig ist, ohne dass man die Überlieferung der festen Terminologie, die in Koran, Sunna und Übereinstimmung der Gläubigen enthalten ist, berücksichtigt.

(17) Weiter musst du dann die Einteilung der Traditionen, ihrer Überlieferungsreihen und ihrer Arten wissen, musst unterscheiden zwischen Überlieferungen, die von vielen Seiten tradiert werden (*mutawātir*), welche die Späteren von den Früheren ohne Widerspruch und Kritik weitergeben, und solchen, die so tradiert sind, dass sie über wenige Autoren gekommen sind, sich unter den übrigen ausbreiten, bekannt werden und keinen Widerspruch finden. Man unterscheidet zwischen der Rangstellung beider Gruppen; denn die Autorität der einen Gruppe bewirkt, dass ihre Hörer verpflichtet sind, sich über den Inhalt zu informieren und den Überlieferern zu glauben (3). Die zweite gleicht dieser ersten, darin, dass sie zur Bejahung des Argumentes und zur Entscheidung über das darin (für den Menschengeist) Verborgene führt; jedoch reicht ihre Autorität hier nicht soweit, dieses Wissen für die Hörer notwendig zu machen. Sondern man erreicht es, indem man sich über den Beweis für seine Authentizität durch die Unfehlbarkeit der Gemeinde informiert, die in allem, worin sie überein-

---

nicht ihrem ganzen Inhalt nach (على جميع معانى ما يوصف به المخلوق) auch von Gott gelten oder, wie die Scholastik sagen würde, in eadem ratione entis et conveniunt et differunt deus et creatura.

d) Auf diese Lehre läuft die Leugnung der Mušābaha in Wahrheit hinaus.

(1) wtl: das ist, aufgrund dessen wir sagen...

(2) z. B. also wohl 'Gott', 'Geschöpf' o. ä.

(3) Trotz des Sing. *yuṣaddiqa* kommt wohl nichts anderes in Frage. Die übrigen Manuskripte lesen (sachlich kaum richtig) *biṣidqi*, 'und über die Glaubwürdigkeit der Überlieferer'. Ist vorher *as-sāmiʿ* zu lesen?

stimmt, in Wort, Billigung, Tat und Unterlassung der Missbilligung vorhanden ist. Der Rest der Ḥadīṯe ist authentisch aufgrund der Überlieferung von einzelnen Männern. Sie führen zu keinem Wissen und keiner Entscheidung, sondern der Beweis für sie obliegt denen, welchen die Wissenschaft anvertraut ist, ohne dass sie die Entscheidung über die darin vorkommenden, verborgenen Wahrheiten geben können.

(18) Verstehen musst du in diesem Kapitel auch, dass die Traditionen, die in dieser Weise überliefert sind, keine Entscheidung für die darin vorkommenden verborgenen Wahrheiten geben können. Wenn darum an einer Tradition nichts Ausschlaggebendes, dem man folgen könnte, nach aussen hervortritt, so ist es möglich, das, was in ihr überliefert wird, anzunehmen, doch ohne dass man die Entscheidung geben kann. Darum bewertet man sie als wahrscheinlich, nicht als Entscheidung der Wahrheit, die etwas Sichtbares fordern würde, das ihrem verborgenen Inhalt entspräche.

(19) Schliesslich musst du an Regeln über diesen Gegenstand wissen, dass die Worte, deren Inhalt (*ḥukm*) in der Sprache [für verschiedene Dinge] gemeinsam angewandt wird (*ʿalà ṭarīq al-ištirāk*), verschiedene Bedeutungen haben, und dass das Wort den speziellen Sinn einer dieser Bedeutungen nur bekommt durch etwas, was ausserhalb des Wortes liegt und auf ihn hinweist; andernfalls kommt den Worten keine der verschiedenen Bedeutungen mehr als eine andere zu ([1]).

Wenn du diese Sätze verstanden hast und ihre Regeln und Prinzipien sicher weisst, dann hast du die Erklärungsweise der Traditionen und dessen, was ihnen ähnlich ist, verstanden. Dann baust du ihre Theologie auf diese Grundsätze auf, ohne dass es nötig ist, in der Behandlung jedes Kapitels einen Hinweis darauf beizufügen, nachdem dieses Fundament vorher gut gelegt ist.

Kapitel 7.

Gottes Unteilbarkeit und Unkörperlichkeit.

(20) Erklärung des Argumentes, dass Gott ein Sein ist, von dem man Zusammensetzung aus Teilen und Teilbarkeit nicht aussagen darf.

Wisse, wir werden in jedem Kapitel, das wir behandeln den Gang der betreffenden Darlegung d. h. den Inhalt des Abschnittes in Kürze andeuten, um die für die Auswahl wünschenswerte Grenze nicht zu überschreiten.

([1]) Gemeint ist also wohl folgendes: Das eine Wort *nafas* (s. S. 32 ff.) wird auf Gott und Geschöpf angewandt: es hat bei gleicher Form verschiedene Bedeutungen; doch seine für Gott gültge Bedeutung ergibt erst das Nachdenken und die Theologie.

(21) Gott ist in Wahrheit ein Sein und nicht ein zusammengesetztes Ding. Selbst wenn ihm ein Name zukommt, so kommt er ihm nicht zu wie einem zusammengesetzten Ganzen — z. B. 'ein Mensch' und 'ein Haus', was in Wahrheit mehrere zusammengesetzte Dinge sind, sondern der Name kommt ihm so zu, wie er dem erwähnten existierenden Sein zukommt, von dem nicht richtig ist, dass es in seinem Wesen teilbar ist. So sagt man eine Schwärze und eine Substanz (*ǧauhar*) (1) in dem Sinne, dass diese Aussage auf die Verneinung der Teilbarkeit und des Bestehens aus Teilen hinausläuft. — Was gleich zu Anfang all dieses erweist, ist folgendes: Wenn der Höchste eine Zusammensetzung von Dingen wäre, so wäre es nicht richtig, dass er ein Handelnder und ein Mächtiger ist; denn wenn etwas mit Recht als zusammengesetzt bezeichnet werden kann, so ist es ein Wesen, das durch sich selbst besteht (ens per se, Substanz, Suppositum), von dem gilt, dass die Eigenschaften in ihm ihren Bestand haben.

(22) Nun steht fest, dass es unrichtig ist, eine Eigenschaft könne in zwei Supposita, die sie besässen, existieren; richtig ist vielmehr, dass die eine Eigenschaft nur in einem Suppositum, das sie besitzt, existieren kann. Dieses führt (angewandt auf die Behauptung von Gottes Teilbarkeit) notwendig zu Dingen, die allesamt widersinnig sind: dass es z. B. eine Macht gäbe ohne einen Mächtigen, was widersinnig ist; oder dass z. B. die eine Mächtigkeit in sich teilbar und zerlegbar wäre, was ebenfalls widersinnig ist, weil das, was die Macht, wie gesagt ist, zu einer macht, das Geteiltsein von ihr ausschliesst. Oder schliesslich könnte etwas Macht haben, was nicht Suppositum wäre (in sich bestände), und das ist ebenfalls widersinnig.

Diese Dinge sind also widersinnig, und die Lehre, dass Gott ein einziges, zusammengesetztes Sein ist, von dem man 'eins' aussagt, wie man es von einem zusammengesetzten Ganzen von Dingen aussagt, z. B. 'ein Mensch', führt zu mancher von diesen Sinnwidrigkeiten. Darum ist sie selber widersinnig, und die Lehre, dass Gott einer ist und nicht aus Teilen besteht, ist notwendig (2).

(23) Frage: Gesetzt, es sagt jemand: "Wenn ihr lehrt, der Sinn der Aussage über Gott, dass er einer und ein Sein ist, lasse Teilung und Trennung nicht

(1) Vielleicht im Sinne von 'Farbenatom' und 'Substanz-' d. h. 'Körperatome' siehe unten S. ١٨. Z. ١٩. (arab).

(2) Die hier vorgelegte Argumentation ist, wie es scheint, nur gültig unter Voraussetzung eines ziemlich radikalen Atomismus, aus dem sich ergibt, dass die zusammengesetzten Dinge im Unterschied von Gott eigentlich Plurale sind [(٢١): وهى فى الحقيقة اشياء مجتمعة], mögen auch beide, Gott und sie einen Namen haben. Weil im zusammengesetzten Ding die Atome [(٢٤: z. B. الجوهر الواحد und الجزء من السواد] letzte Träger der Einheit und der Handlung sind, kann von einem Handelnden genau genommen nicht die Rede sein. Das Gegenteil gilt aber von Gott. Von ihm muss man, offenbar nach den theologischen Quellen sagen, er sei 'ein Mächtiger' und 'ein Handelnder'. Also ist er nicht zusammengesetzt; denn vom zusammengesetzten Ding gilt das nicht im strengen Sinne. — Ferner ist in Gott eine Macht; wäre er aber zusam-

zu, weder der Vorstellung und Annahme nach noch auch in Durchführung und Verwirklichung, so behauptet ihr damit, dass er eine Eigenschaft habe, die dem Atom von Akzidentien und Substanzen zukommt. Das führt aber dazu, dass man von ihm aussagt, er sei das Geringste vom Geringen und das Kleinste vom Kleinen, was widersinnig ist, wo es sich um Gottes Eigenschaften handelt".

(24) Antwort: Darauf ist zu erwidern: Mit diesem Vergleich haben wir nur hervorgehoben, dass Körperatom und Schwärzeatom als eins anzusehen sind, um den Sinn unseres Wortes 'eins' verständlich zu machen, nämlich nicht so, wie man von einem zusammengesetzten Ganzen sagt, dass es eins sei. Wir haben beide unter dem Begriff dieses 'Eins' vereinigt, und das ist eine Aufstellung zuverlässiger Männer, weil die Teilung im Sinne einer Trennung und Zerlegung in der Vorstellung und der Annahme unmöglich ist. Der Unterschied zwischen dem Element der Substanz und der Schwärze und dem Ewigen, dass Substanz und Schwärze mit Recht als das Allergeringste und -kleinste bezeichnet werden können, ist von keinerlei Einfluss und, wenn beide in der Bestimmung übereinkommen, dass sie eins sind, so fordert das nicht, dass auch die übrigen Bestimmungen des Atoms und des Schwärzeelementes (für dieses und für Gott) gemeinsam seien. Wenn nämlich das körperliche Atom das Allerkleinste und Allergeringste genannt wird, so kommt ihm das nicht notwendig zu, in-

---

mengesetzt, so müssten die Atome, welche viele sind, eine Macht haben, was unmöglich ist. Denn eine Eigenschaft kann nicht zwei Träger haben [(٣٣): بموصوفين قائمين بانفسهما]. [Hier wird das Atom ziemlich deutlich als قائم بنفسه, ὑποκείμενον, suppositum angesprochen, während dieser Ausdruck sonst konservativ vom ganzen Ding (٣١) oder auch von Gott (٣٥) gebraucht wird]. Damit hätte man eine Macht, aber nicht einen Mächtigen, weil die vorhandene Vielheit (d. h. die Atome) nicht eine Eigenschaft haben können; oder aber die eine Mächtigkeit würde zerrissen. Da ein Suppositum für die eine Mächtigkeit nicht aufzuweisen ist, könnte Macht haben, was nicht Suppositum ist.

Diesen naturphilosophischen Atomismus, der übrigens, wie man sieht, Gott und vielleicht auch die Seele nicht atomistisch gebaut sein lässt, hätte die griechische Philosophie kaum gelten lassen; erkannte sie doch auch ein ἓν κατασυμβεβηκός an. Sie würde sehr wohl sagen, dass z. B. ein Uhr eine Einheit sei und auch einen Actus habe, weil sie die Zeit anzeigt. Von einem Agglomerat würde das nicht gelten und ebenso wenig von der Uhr, wenn sie in ihre Bestandteile aufgelöst ist. Im Reich der Lebewesen gilt Entsprechendes in erhöhtem Masse. Hier herrscht straffere Einheit und der spezifische Actus tritt klarer hervor. Hier kann von 'Wolfsart' und 'Katzenart' die Rede sein. Das Phänomen des 'Hundebrauches', wie es beim Dichter beschrieben ist (Faust I):

"Du siehst: ein Hund und kein Gespenst ist da;
Er knurrt und zweifelt, legt sich auf den Bauch,
Er wedelt: alles Hundebrauch"

beruht im Sinne der Griechen auf einer realen Naturkonstanten, die kein Atomismus hinreichend verständlich machen könne. Fragen moderner Physik werden damit natürlich nicht berührt.

Es ist klar, dass Ibn Fūraks Argument für diese Anschauung nicht beweist. Übrigens könnte ihm auch einer seiner anthropomorphistischen Gegner mit ziemlichem Recht einwenden, dass die Sätze: 'Gott ist ein Handelnder', 'Gott ist ein Mächtiger' nicht notwendig so zu pressen seien, wie es für das Argument notwendig ist. Denn zweifellos seien auch 'Haus' und 'Mensch' für unbefangenes Denken und Reden eins; vgl. auch Th. de Boer in EI (Ergbd.) s. v. *Djizm* S. 60 ff.

sofern es die Eigenschaft hat, eins zu sein wegen der Unmöglichkeit, dass es in seinem Wesen geteilt ist; sondern das, was ebenfalls die Eigenschaft 'eins' hat, muss ausserdem auch zu Recht die Eigenschaft der Kleinheit und Geringheit haben. Es wird aber nur vom einzelnen Atom mit Recht diese besondere Eigenschaft von Kleinheit und Geringheit ausgesagt, weil von ihm zu Recht ausgesagt wird, dass es seinesgleichen neben sich hat und dadurch gross ist; wenn es davon abgetrennt ist, heisst es klein, wenn es aber mit ihnen zusammen ist, heisst es gross und viel. Offenbar wird der einzelne Schwärzeteil mit Recht als eins bezeichnet im Sinne der Unmöglichkeit, dass er in seinem Wesen geteilt wäre; aber das macht nicht nötig, dass man der Schwärze die Eigenschaft der Kleinheit und Geringheit gibt. So ist es also klar, dass die Eigenschaft der Kleinheit und Geringheit, die das Körperatom erhält, wenn es für sich allein ist, nicht mit der Eigenschaft der Einheit zusammenhängt, die wir ihm ebenfalls gegeben haben; denn wir haben auf die Unmöglichkeit hingewiesen, dass es in seinem Wesen geteilt sein kann.

(25) Untersuchung: Die Unrichtigkeit der Behauptung, dass Gott eine Berührung mit der Kreatur und Nachbarschaft mit den Geschöpfen habe, zeigen verschiedene Gründe. Es steht bereits fest, dass es nicht richtig ist, Gott sei begrenzt, und ebensowenig, dass er Träger für neu entstehende Bestimmungen sei, und weiter steht fest, dass ein Wesen, in dem eines davon zulässig ist, ein Geschöpf ist. Es ist auch nicht erlaubt zu sagen, dass er durch sein Wesen begrenzt sei, weil es nicht richtig ist, dass er durch seine Existenz begrenzt ist, obwohl er ein Suppositum ist. Nachdem es nun unrichtig ist, dass seine Existenz nach Anfang und Ende begrenzt sei, ist es ebenso unrichtig, dass sein Wesen einer Begrenzung unterliege.

(26) Offenbar sind die geschaffenen Substanzen und die geschaffenen Körper, nachdem ihre Existenz notwendig einen Anfang und möglicherweise ein Ende hat, in ihren Wesenheiten begrenzt und beschränkt und können neue Bestimmungen aufnehmen; und die Tatsache, dass sie neue Bestimmungen aufnehmen, zeigt ihre Geschöpflichkeit. Wenn nun bei dem Ewigen, dessen Existenz nicht aufgehört hat und nicht aufhören wird, das möglich wäre, was ausschliesslich den Geschöpfen als Hinweis auf ihr Geschaffensein zukommt, so wäre trotz dieser Lehre (dass die einzelnen Körper notwendig einen Anfang und möglicherweise ein Ende haben) Gottes Präexistenz vor der Gesamtheit der Körper nicht gesichert, auch wenn sie alle beschränkt, begrenzt, dem Kontakt unterworfen, einander benachbart und sich trennend und mögliche Träger neuer Bestimmungen wären. Jede Lehre, die zu einer Behauptung führt, bei welcher die Präexistenz Gottes vor den entstandenen Körpern nicht gesichert bleibt, ist falsch. Zu der Ansicht, es seien Begrenzung, körperliche Berührung und das Hinzukommen von neuen Eigenschaften zum Wesen des Ewigen

möglich, führt aber jene falsche Lehre; denn die Beweise bestehen, und die Argumente samt ihrer Richtigkeit sind gesichert, dass die Körper geschaffen sind, dass sie nicht waren und dann wurden. Deshalb haben wir gesagt, wer bei Gott — ihm ist Lob, und er ist über jene Behauptung erhaben — körperliche Berührung, gegenseitige Begrenzung und die Lehre, er könne neu entstehende Eigenschaften aufnehmen, zulässt, gehört zur Muǧassima. Solche Leute haben keine Möglichkeit mehr zu lehren, dass die Welt entstanden ist, und sind auch nicht mehr in der Lage, die Lehre aufzustellen, dass die Körper nicht waren und dann wurden.

(27) Wenn dir klar ist, dass die Lehre, es sei richtig, dem Ewigen die Eigenschaften der Begrenztheit, der Beschränkung, der Berührung mit den Geschöpfen und des Hervorbringens von neuen Eigenschaften in seinem Wesen beizulegen, zu den von uns erwähnten widersinnigen Aussagen führt, so weisst du, dass diese Einleitung zutreffend ist und dass folgender Grundsatz mit Recht aufgestellt wird: Gesicht, Hand, Auge, Kommen, Gehen, Herabsteigen und alles derartige, was Gott in Koran und Sunna beigelegt wird, darf nicht als Verbindung und Trennung und sich Aufmachen und von einem Orte zum anderen Gehen verstanden werden. Ebenso ist bei Gott widersinnig, an die Bedeutung von Organ, Teil, Glied und Werkzeug zu glauben. Wer solches bei ihm annimmt, ist in der Sache unwissend. Deshalb bringen auch diejenigen unwahrscheinliche Dinge vor, welche für Gott die Eigenschaft erfinden, er sei ein Körper, weil der Nachweis für das, was ein Körper ist, schon klar feststeht, nämlich dass ein Körper wenigstens aus zwei vereinigten Atomen (*ǧauharān muǧtamiʿān*) besteht.

(28) Nach dem Gesagten ist sicher, dass das Wesen Gottes eines ist, und es ist Torheit zu meinen, er sei eine Substanz, nachdem der Nachweis feststeht, dass Substanz etwas ist, das (die Einordnung als) e i n e Gattung unter e i n e r Art sowie (das Dasein als) Einzelexistenz zulässt [1], und dass mit ihr die notwendige Bedingung gegeben ist, dass in ihr die Akzidentien (*ḥawādiṯ*) aufeinanderfolgen und dass sie nicht ohne diese sein kann. Was sich so verhält, kann nur entstanden sein. Das ist aber als Aussage über Gott unmöglich, weil diese Lehre zur Leugnung seiner Präexistenz, zur Aufstellung des Beweises, dass Gott entstanden sei, und schliesslich zur Aussage führt, die Lehre, dass die Welt entstanden ist, sei falsch.

(29) Untersuchung: Wir haben gesagt, du müsstest notwendig wissen, dass die Leugnung des Tašbīh bei Gott nicht die Leugnung einer Bezeichnung bedeute, die einem Geschöpf gegeben worden ist. Damit ist gemeint, dass

[1] Das heisst doch wohl: *Ǧauhar* lässt die Einordnung unter die sog. 'arbor Porphyriana' zu und ist 'unum in multis'. Von Gott kann das auch nach den patristisch-scholastischen Autoren unter keinen Umständen gesagt werden.

wir Gott Bezeichnungen, die er sich selbst gegeben, Eigenschaften, die der Prophet ihm beigelegt, und solche Attribute geben, die seine Gemeinde einmütig von ihm aussagt, im Unterschied von einem Neuerer, der sagt, es sei nicht erlaubt, ihm eine Bezeichnung zuzulegen, die ein Geschöpf irgendwie hat, weil das nach seiner Behauptung Tašbīh ist. Das ist z. B. der Fall, wenn man von Gott sagt, er sei ein Sein, lebend, wissend, mächtig, wollend, redend, hörend, sehend; diese Worte sind bei den Geschöpfen in der Tat gebräuchlich, und man kann die Anwendung von Bezeichnungen auf Gott nicht verbieten, die er selbst erlaubt und auf sich angewandt hat, wie es auch nicht möglich ist, ihm eine Bezeichnung beizulegen, die er nicht durch den Koran oder den Mund seines Propheten oder den Gebrauch seiner Gemeinde erlaubt hat. Diejenigen, welche das verbieten, sind in Irrtum befangen, weil sie fälschlich annehmen, die Übereinstimmung in einer Bezeichnung führe bereits zur unzulässigen Verähnlichung. Den Irrtum dieser unbegründeten Annahme zeigt die Tatsache, dass es Dinge geben muss, die verschieden sind. Dazu kommt man teils durch die sinnliche Wahrnehmung, teils durch das Denken.

(30) Ferner ist es notwendiges Gesetz für beide, dass sie in vielen ihrer Bezeichnungen übereinstimmen, und wenn es nicht so wäre, würde dann nicht gesagt, dass eines dem anderen entgegengesetzt sei und sein Inhalt sei der Widerspruch gegen das andere? Wenn es so ist, dann ist klar, dass zwei verschiedene nicht die Bedingung zu erfüllen brauchen, dass eines nicht die Bezeichnung des anderen habe, und dass die Ähnlichkeit von beiden nicht bedeute, eines hätte die Bezeichnung des anderen. So ist deutlich, dass die Übereinstimmung der beiden verschiedenen in vielen Bezeichnungen und Eigenschaften nicht ihre unzulässige Verähnlichung fordert. Durch dieses evidente Prinzip wird klar, was wir aufhellen wollten, dass das Zusammentreffen des Ewigen und der Geschöpfe in einigen Bezeichnungen und Eigenschaften die unzulässige Ähnlichkeit zwischen beiden nicht fordert, wenn eines von ihnen eine oder mehrere Bestimmungen ausschliesslich annimmt, die etwa dem anderen nicht zukommen.

(31) Wisse, dass das Verständnis dieses Prinzips alle Arten der Neuerer entlarvt, wenn sie die Anhänger der Wahrheit, nämlich die Ahl as-sunna wal-ǧamāʿa unter den Männern der Tradition des Tašbīh bezichtigen, wo diese doch Gott nur Eigenschaften zuschreiben, die er sich selbst, sein Gesandter und die Muslime ihm zugeschrieben haben. Das ist die Vorrede, auf die wir bei der Beantwortung der Fragen, die diese Traditionen und die dunklen Koranverse aufgeben, vor allem verweisen. Wenn wir von Gott aussagen, dass er aufrecht auf seinem Throne sitze (Q. 2, 256), Adam mit seiner Hand geschaffen habe und ein Antlitz, Auge usw. habe, so macht diese Aussage nicht den Tašbīh notwendig, wie die Gegner irrig meinen, die unsere Schule mit dem Vorwurf des Tašbīh angreifen, wenn sie solche Traditionen überliefert.

Kapitel 8.

Die Erklärung der schwierigen Ḥadīṯe ist notwendig.

(32) Wisse: Die Kritik derer, welche in der genannten Sache unsere Schule tadeln, ist nicht frei von einem Angriff auf das Tradieren von Überlieferungen, welche man von zuverlässigen und glaubwürdigen Männern gesammelt und gehört hat, oder die betreffende Kritik an unserer Schule richtet sich dagegen, dass sie überliefere, was man auf Gott nicht anwenden dürfe, oder man tadelt an ihr, sie überliefere Dinge, obschon man sich der Untersuchung nach ihrem Sinn und der Erforschung ihrer Bedeutung enthalten müsse.

(33) Wenn jemand nach glaubwürdigen Männern überliefert, was er mit ruhigem Sinn gehört hat, damit es gesichert sei, so ist er nicht zu tadeln. Auf den Vorwurf, dass die Anwendung davon auf Gott nicht erlaubt sei, haben wir bereits gesagt, dass über die Anwendung der Bezeichnungen auf Gott nicht das Denken entscheidet, sondern dass die Tradition Ursprung und Quelle dafür ist. Die irrige Meinung schliesslich, dass es zum Tašbīh und zur Übertragung von unerlaubten Aussagen auf den Herrn führe, fällt auf den zurück, der sie sich macht, weil er ein zu geringes Wissen hat und die Bedeutung der Worte nicht zu ordnen sowie ihre verschiedenen Klassen nicht zu erklären weiss. Wenn ein Tadel vorgebracht wird, weil man sich der Erforschung des Sinnes enthält, obschon man das Traditionsgut überliefert hat, so haben wir, wofern die Traditionen von glaubwürdigen Männern überliefert und gesammelt sind, bereits gesagt, dass das Verbot zu forschen nur den trifft, der keine Möglichkeit zur Erforschung hat, der die Methode zur Erklärung nicht kennt und der die Feststellung ihres Sinnes mit der Ablehnung des Tašbīh nicht richtig verbinden kann. Das heisst also, dass man das einfache Volk davon fernhält. Wenn jemand, was Sprache und Gedanke angeht, einer erschöpfenden Behandlung der Erklärung der dunklen Koranstellen nicht gewachsen ist, so hält man ihn davon zurück, wie man das einfache Volk abhält, eine juristische Entscheidung in der Pflichtenlehre abzugeben, weil es mit der Wissenschaft von den Prinzipien und der Weise, die Rangordnung in der Verpflichtungslehre auf ihnen aufzubauen, nicht vertraut ist.

(34) Damit ist klar, dass die Überlieferer wegen der Weitergabe ähnlicher Traditionen nicht zu tadeln sind. Trotzdem suchen sie aber weiter, Klarheit über die Tradentenreihen der Überlieferungen zu schaffen, sie scheiden die starken von den schwachen Überlieferungen und die, mit denen man sich beschäftigen muss, ohne dass man sie zurückweisen darf. Unsere Schule träfe

also kein Tadel bei der Überlieferung dieser Traditionen, wäre nicht der schlechte Glaube der Neuerer, ihre heimliche Gesinnung, ihre versteckte Feindschaft und ihr Widerspruch gegen die Anhänger der Wahrheit und der Sunna, sodass sie auf andere Weise nach Objekten ihres Tadels suchen.

Kapitel 9.

Einteilung der Traditionen nach dem Isnād.

(35) Gesetzt, es sagt jemand: "Wenn die in Frage stehenden Traditionen nicht zu festem Wissen und endgültiger Sicherheit führen und auch nichts enthalten, das diese bewirken würde, welchen Zweck hat dann ihre Überlieferung, und welches ist der richtige Weg, die Erklärung ihres Sinnes und ihre Arten zu ermitteln?" Die Antwort lautet: Diese Traditionen zerfallen in mehrere Gruppen. Über die Authentizität der einen besteht bei den Anhängern der Überlieferung einmütige Übereinstimmung. Sie hat sich unter ihnen verbreitet, und es fand sich niemand, der sie geleugnet oder als falsch bezeichnet hätte. Das ist z. B. der Fall mit dem *ḥadīṯ ar-ruʾya* und der Aussage, Gott habe eine Hand und er steige herab und dergleichen. Diese Art ist verbreitet und bekannt. Niemand verwirft sie, sondern alle Anhänger der Überlieferung sind über ihre Echtheit einig. Nur ein Neuerer bekämpft sie, weil er eine falsche Ansicht hat und meint, wenn man so sage, komme man zur Behauptung der Verähnlichung Gottes mit seiner Schöpfung.

(36) Wir haben schon gesagt, dass niemand die Tradition leugnen kann wegen eines Irrtums, den er in ihrem Text (*matn*) vermutet. Zu ihrer Beseitigung könnte nur etwas führen, was sich auf ihre Bezeugung (*sanad*) bezieht, sei es dass sie unvollständig (*munqaṭiʿ*) [1] ist, sei es dass die Glaubwürdigkeit ihres Überlieferers nicht bekannt oder wegen Täuschung offensichtlich angegriffen ist. Nur ein Neuerer behauptet also mit Unrecht in seiner verkehrten Ansicht und seinem geringen Wissen, unsere Grundsätze führten zur Täuschung über das, was man von Gott denken darf. Die Überlieferung wird durch derartiges nicht beseitigt, vielmehr bleibt allein übrig, dass die falsche Behauptung des Neuerers klar zu Tage tritt, und die Eigenart der Tradition sich in richtiger Weise zeigt, nämlich dass sie nicht zur Verähnlichung Gottes mit den Geschöpfen und zur Leugnung der Aussagen über ihn führt.

(37) Die zweite Gruppe dieser Traditionen wird von einigen Tradenten überliefert, von anderen dagegen nicht. Sie ist nicht verbreitet, doch ihre Be-

[1] Zu den Fachausdrücken der Ḥadīṯwissenschaft vgl. die betr. Artikel der EI.

zeugung zeigt keinen Schaden, und die Zuverlässigkeit ihrer Überlieferer ist offenkundig. Diese Gruppe von Traditionen ist anzunehmen, aber an Rang sind sie niedriger als die ersten. Hierher gehören die Überlieferungen: Der Wind ist der Atem ar-Raḥmāns, der Allmächtige setzt seinen Fuss ins Feuer, und Gott trägt die Himmel auf einem Finger, und ähnliches.

(38) Die letzte der Gruppen von behandelten Ḥadīṯen enthält zwar Überlieferungen, aber die Traditionslehrer sind über die Zuverlässigkeit ihrer Tradenten uneinig. Darum erklären manche den Überlieferungsbefund für gut, andere dagegen greifen ihn an. Hierher gehört die Tradition, nach der der Prophet gesagt haben soll: "Adam ist nach dem Ebenbild ar-Raḥmāns geschaffen und offenbart ar-Raḥmān", ebenso die Tradition von Ibn ʿAbbās nach ʿIkrima, dass der Prophet gesagt hätte: "Ich habe meinen Herrn mit den Eigenschaften gesehen", die er in der Tradition nennt. Das ist der Fall, weil die Überlieferer, welchen das Urteil über Unglaubwürdigkeit und Glaubwürdigkeit eines Autors zusteht (*ahl al-ǧarḥ wat-taʿdīl*), über die Glaubwürdigkeit ʿIkrimas verschiedener Meinung sind. Manche erklären ihn für unglaubwürdig, manche für glaubwürdig. Diese Gruppe von Traditionen nimmt eine noch geringere Stelle ein als die zweite Stufe. Aber man beschäftigt sich mit der Kommentierung beider Gruppen, mit der Feststellung ihrer Arten und ihrer Erklärung, weil ein Teil der Traditionarier sie für authentisch erklärt hat, indem er das Beweisstück zu Hilfe nahm, um die Behauptungen der Neuerer zu widerlegen und den Fehler der Leugner von Gottes Eigenschaften aufzudecken.

(39) Die letzte der Gruppen von behandelten Ḥadīṯen umfasst schliesslich jene Traditionen, die nach allgemeiner Übereinstimmung bei den Anhängern der Überlieferung wertlos ist, und deren Tradenten keinen Glauben verdienen. Man überliefert sie nur, um die Täuschung ihrer Tradenten zu zeigen und macht auf ihre Bedeutungslosigkeit aufmerksam. So überliefert z. B. Ḥammād nach Abū l-Muhazzim und Abū Huraira, dass ein Beduine zum Propheten kam und sprach: "Woraus ist unser Herr geschaffen?" Dann führt er die Tradition an. Ebenso ist es mit den Ḥadīṯen *al-ḥamal* (1) und *al-qafas* und mit denen, die der Sammler der Lieder in seinem Buch (*kitāb al-aġānī*) erwähnt, wo er ähnliche Traditionen angreift, über deren Falschheit und Fehlerhaftigkeit bei den Anhängern der Überlieferung Übereinstimmung herrscht. Es hat also keinen Sinn, sich mit der Kommentierung und Erklärung dieser Gruppe zu befassen, weil alle darüber einig sind, dass sie gefälscht ist.

(40) Wisse: Alle diese Traditionen fallen unter die erwähnte Einteilung. Für die, welche einen Isnād haben, der seinerseits fehlerlos ist, gibt es irgend

(1) Bei Aḥmad b. Ḥanbal, Musnad 5, 335 (nach J. A. Wensinck, *Concordance et Indices de la Tradition Musulmane* [Leiden 1934 ff.]) ist ein Ḥadīṯ überliefert: *Faʾiḏā raʾsuhu miṯl farwat al-ḥamal*.

eine Möglichkeit, sich mit ihrer Erklärung zu befassen. Wir werden, was so beschaffen ist, erklären und seine Bedeutungen aufhellen nach der richtigen Weise, für die die Sprache eintritt, die vom Denken nicht zurückgewiesen wird, die den Tašbīh nicht fordert und nicht dazu führt, dass man vom Herrn aussagt, was nicht zulässig ist. Auf dieses Letzte haben wir in der Einleitung unseres Buches hingewiesen, nachdem feststand, dass der Traditionsbeweis dem Rationsargument nicht widerspricht, dass das Rationsargument die Existenz des Ewigen in den Eigenschaften dartut, von denen wir gesprochen haben, und dass es zur Leugnung seiner Existenz und seiner Attribute führt, wenn man ihm dem widersprechende Eigenschaften gibt, was unmöglich ist.

(41) Wisse: Die echten Traditionen werden nach Vernunftüberlegungen geordnet, damit beide Beweisarten vereinigt, beide Weisen in Übereinstimmung gebracht und die Angriffe und Verneinungen der Gegner nach der Weise zurückgewiesen werden, für die die Vernunftargumente und die Sunna eintreten, und denen die grundlegenden Prinzipien und die festgesetzten Regeln Stütze sind. Die Darstellung wird nach der Ordnung, in der wir die Traditionen hintereinander angeordnet haben, vor sich gehen, wenn es Gott gefällt.

Kapitel 10.

Verpflichtende Kraft der Traditionen.

(42) Gesetzt, jemand sagt: "Wenn eine dieser Traditionen von sich aus nicht zu Wissen und Sicherheit führt, — nach euerm Prinzip, dass die Tradition eines einzigen Überlieferers keine sichere Erkenntnis bringt, sondern nur soviel vermag, als einem ihr selbst etwa innewohnenden Vermögen entspricht, dass ferner ihre Überlieferung auch der Bedingung unterliegt, unter der ihr etwaige Traditionen von einzelnen annehmt, — und wenn anderseits die Namen und Eigenschaften, die auf Gott angewandt werden, festen Glauben verlangen, wie wollt ihr dann diese Traditionen erklären, und in welcher Weise bemüht ihr euch um ihre Anordnung und um die richtige Feststellung ihrer Bedeutungen für die Eigenschaften Gottes?

(43) Die Antwort lautet: Wir haben bereits die Einteilung dieser Traditionen angegeben. Manche davon führen nach unserer Lehre zu einem gesicherten Wissen und zu festem Glauben aufgrund sicherer Entscheidung, nicht weil man von vielen Seiten tradierte Überlieferungen vernähme und zu ihrer Kenntnisnahme genötigt wäre, sondern weil nach unserer Lehre eine Sache, in welcher die Gemeinschaft der Gläubigen (*umma*) übereinstimmt, entschieden ist, und ihre Richtigkeit fest geglaubt werden muss. Man erkennt diese Übereinstimmung

durch eine Art Nachforschung und Induktion. Ihre Grundlage bildet der Ḥadīṯ des Propheten (1). Denn er führt den, der ihn annimmt, zu gesichertem Wissen. So ist es z. B. mit den überkommenen Traditionen, die bei den Muslimen verbreitet, bekannt und geläufig sind, und die niemals jemand zurückgewiesen und abgelehnt hat, etwa die Traditionen über die Zakātgebräuche: "Von den Sklaven der 40. Teil, von 200 Dirham fünf und auf fünf Kamele ein Schaf". Ferner gehören hierher die Traditionen *ar-ru'ya* und *aš-šafā'a*, von der Schöpfung Adams nach Gottes Ebenbild, dass Gott jede Nacht auf den Himmel der Erde herabsteigt und ähnliches. Diese Gattung von Traditionen führt also zu gesichertem Wissen und zum festen Glauben an ihre Echtheit, wie man die erwähnten Traditionen über die Zakātgebräuche fest glaubt, die den Rang vielseitig bezeugter Überlieferung mit endgültiger Entscheidung und dem Ergebnis, dass ein notwendiges Wissen in dem entsteht, der sie vernimmt, nicht erreichen. Ihr Rang ist höher als der Rang der Traditionen von einzelnen Überlieferern. Sie bilden die mittlere von den Traditionsgruppen; denn deren Einteilung lautet: von vielen Seiten überliefert, verbreitet und von einzelnen überliefert (2).

(44) Die Gruppe der von einzelnen Gewährsmännern überlieferten Traditionen, für welche die Zuverlässigkeit der Tradenten, die Glaubwürdigkeit der Überlieferer und die Kontinuität der Überlieferung bewiesen ist, führt, auch wenn sie kein endgültiges Wissen und keine sichere Entscheidung bewirkt, doch zur Wahrscheinlichkeit und Möglichkeit einer Meinung, sodass das Urteil richtig ist, sie sei erlaubt und möglich, nicht verboten und unmöglich. Wenn die so beschaffenen, erwähnten Traditionen einen Nutzen stiften, so ist ein grosser Vorteil durch sie bereits erreicht, zu dem man ohne sie nicht hätte gelangen (Leid, Vat) können. Das führt dazu, dass die Beschäftigung mit ihrer Erklärung und die Aufhellung ihrer Art entsprechend der richtigen und erlaubten Auffassung der Eigenschaften Gottes möglich ist, wenn man unsere Erklärung und Anordnung beachtet, die nicht zum Tašbīh oder zur Verbindung Gottes mit unzulässigen Aussagen über ihn führt. Danach richten sich als die Anordnungen dieser Traditionen und die Wege ihrer Erklärung.

(1) *lā taǧtami'u ummatī 'alà ḍalāla.* [vgl. I. Goldziher, *Die Ẓâhiriten* (Leipzig 1884) S. 33. Anm. 2].
(2) Andere Einteilungen bringt J. W. Juynboll in EI II 203 f Art. *Ḥadīth*.

II. EINZELERKLARUNGEN.

An allen Orten (Fī kulli makān).

(45) Eine Tradition, die dieser eben behandelten ähnlich ist, überliefert Anas b. Mālik: "Gabriel war beim Propheten, da kam ein Engel zu ihm, und Gabriel sprach: 'Wo hast du unsern Herrn verlassen?'. Der Engel antwortete: 'Auf den sieben Erden'. Dann kam ein anderer Engel zu ihm, und Gabriel sagte: 'Wo hast du unsern Herrn verlassen?'. Er antwortete: 'In den sieben Himmeln'. Dann kam wieder ein anderer zu ihm, und er fragte ihn ebenso. Da antwortete der Engel: 'Im Osten'. Und schliesslich kam noch ein anderer Engel, und Gabriel fragte ihn: 'Wo hast du unsern Herrn verlassen?'. Da sprach der Engel: 'Im Westen'".

(46) Ausführung der Erklärung. Wisse: Al-Balḫī (1) versteht das im Sinne der Lehre, welcher manche folgen, dass Gott an allen Orten sei. Er behauptet, es entspreche der Sache nach dem, was der Koranvers (43, 84) meint: 'Und er ist es, der im Himmel Gott und auf Erden Gott ist' sowie der Vers (6, 3): 'Und er ist Gott in den Himmeln und auf Erden'. Die Schule an-Naǧǧārs (2) war der Ansicht, Gott sei an allen Orten; doch das ist die Lehrmeinung der Muʿtazila, und nach uns ist diese Auslegung zu verwerfen, weil es nicht erlaubt ist zu sagen, dass Gott an allen Orten oder an einem Orte sei; denn der Sinn von *fī* und was es in der Sprache bedeutet, ist klar, nämlich 'Behältnis' und 'Gefäss'. Das ist aber nur richtig bei Körpern und Substanzen.

(47) Das Koranwort 'Und er ist Gott in den Himmeln und auf Erden' hat nach unserer Schule den Sinn, dass Gott 'euer Geheimes und euer Offenbares weiss' (6, 3), das, was sich in den Himmeln und auf Erden ereignet. Himmel und Erde sind die Orte für das Geheime und das Offenbare, das, was sich in ihnen ereignet; aber sie sind nicht ein Ort für Gott. Es ist auch nicht

(1) Doch wohl der Bagdader Muʿtazilit Abū l-Qāsim ʿAbdallāh ibn Aḥmad ibn Maḥmūd al-Balḫī al-Kaʿbi (st 317 bzw 319); vgl. AL-AŠʿARĪ-RITTER, *Die dogmatischen Lehren der Anhänger des Islām.* (Leipzig-Istānbūl 1933) Bibliotheca Islamica I c, Namenindex S. ٣٩; ferner H. RITTER in *Der Islam* 18 (1929) 39.

(2) Zu Abū ʿAbdallāh al-Ḥusain ibn Muḥammad an-Naǧǧār s. E I III 885: H. S. NYBERG, *an-Nadjdjār*; und AL-AŠʿARĪ-RITTER, a. a. O. S. ١٨.

richtig [bei der Koranrezitation] hinter dem Wort ‘Und er ist Gott in den Himmeln und auf Erden’ eine Pause zu machen und es nicht mit den Wort ‘Er kennt euer Verborgenes und euer Offenbares’ zu verbinden (1).

(48) Wenn nun jemand sagt: “Und was ist dann der Sinn unserer Tradition, da das Wissen darin nicht erwähnt ist, sondern sie ohne Zusatz gebraucht ist und gesagt wird: ‘Im Osten und im Westen, in den Himmeln und auf Erden’”? So lautet die Antwort: Wenn diese Tradition authentisch ist, dann ist ihre Bedeutung die, dass Gott über beiden ist. Der Gebrauch von *fī* im Sinne von ‘über’ ist bekannt und in der Sprache verbreitet. Hierher gehört das Koranwort (9, 2): ‘Ziehet im (*fī*) Lande umher’; d. h. über es (*fauqa*) hin, und hierher gehört das Wort (20, 74): ‘Wahrlich, ich werde euch an den Palmstämmen kreuzigen (*fī*)’; die Erklärer sagen, sein Sinn ist auf (*ʿalà*) den Palmstämmen, und dementsprechend erklärt man das Koranwort (67, 16): ‘Seid ihr sicher vor dem, welcher im Himmel ist (*fī*)?’ Damit ist der gemeint, welcher über ihm ist (*fauqa*). Wenn der Gebrauch von *fī* im Sinne von (*fauqa*) in der Sprache bekannt ist, und Gott (im Koran) gesagt hat (6, 61): ‘Und er ist der Gewaltherr über seine Knechte (*fauqa*)’ und weiter sagt (16, 52): ‘Sie fürchten ihren Herrn über sich (*min fauqihim*)’ und wenn die Muslime ohne Zusatz sagen: ‘Gott ist über seinen Geschöpfen (*fauqa*)’, so ist es besser, unsere Tradition so zu verstehen und ebenso das Koranwort (43, 84): ‘Und er ist es, der in den Himmeln und auf Erden Gott ist (*fī*)’ das heisst: Er ist Gott über den Himmeln und Gott über der Erde (*fauqa*). Irgend ein Dichter sagt (2): “Sie haben den Abditen an (*fī*) einem Palmstamm gekreuzigt”; das heisst ‘auf einem Palmstamm (*fauqa*)’.

(49) Wisse: Wenn wir sagen, dass Gott über (*fauqa*) dem ist, was er geschaffen hat, so bezieht sich das nicht auf das örtliche Darübersein und das Emporragen über die Örter durch Abstand und das Beherrsehen der Örter durch Kontakt (*mumāssa*) mit einem ortgebundenen Ding. Sondern wenn wir lehren, dass er über ihnen (*fauqahā*) ist, so lässt das zwei Auffassungen zu. Erstens kann damit gemeint sein, dass er ihr Bezwinger ist, sie in seiner Macht hat, indem man anerkennt, dass seine Macht sie umgibt, sein Zwang sie einschliesst, und dass sie ihren Weg nach seinem Vorherwissen und seinem Willen nehmen. Nach der zweiten Auffassung ist damit gemeint, dass er über ihnen ist in dem Sinne, dass er von ihnen durch die Eigenschaften und die besonderen Vorzüge verschieden ist, und dass es weder richtig ist Fehler, Mangel, Schwäche, Schmerz und Bedürfnis, die man bei den Geschöpfen annehmen darf, in ihm zu denken,

(1) Die amtliche Koranausgabe (Kairo 1337 u. ö.) erlaubt zwar die Pause, erklärt aber das Durchrezitieren für besser.

(2) Suwaid ibn abī Kāhil al-Yaškuri; vgl. WZKM 31 (1924) 205.

noch erlaubt, sie von ihm auszusagen. Auch ist es in der Sprache gebräuchlich zu sagen: Der und der ist über dem und dem, und damit die Höhe seines Ranges und seiner Stellung zu meinen. Gott ist über seinen Geschöpfen im Sinne der beiden Auffassungen zugleich. Nur die dritte (Leid, Vat) Auffassung ist unzulässig, nämlich er sei es in der Weise, wie man einen Ort einnimmt, sodass man vorzüglich an einer Stelle und nicht an einer anderen ist. Wenn wir nun lehren, er sei in diesem Sinne über den Dingen, so lehren wir auch in demselben Sinn, dass er in ihnen ist, wenn wir die zusatzlose Form dieses Ausspruches erklären. Wir haben ja bereits auf dem Wege der Sprache gezeigt, dass diese beiden Partikeln wie in den Koranversen und in dem Gedicht, die wir dafür als Belegstellen angeführt haben, für einander eintreten.

(50) Frage: Wenn jemand sagt: "Wenn ihr erlaubt, dass man sagt: 'Er ist im Himmel und auf Erden' in dem Sinne, dass er über ihnen ist, wollt ihr dann nicht auch gestatten, dass man in diesem Sinne sagt: 'Er ist an allen Orten'"? Die Antwort lautet: Wir gebrauchen nur Ausdrücke, die eine Überlieferung weitergegeben hat und eine Tradition gebraucht. Die Analogie hat nach uns hier in keiner Weise einen Platz. Darum haben wir gesagt, wenn diese Tradition authentisch ist, entspricht die Art ihrer Erklärung der des Koranverses (67, 16): 'Seid ihr sicher vor dem, der im Himmel ist?' Nur behaupten unsere Gegner, es sei Pflicht zu sagen, darüber dass Gott an allen Orten ist, ist eine Tradition geoffenbart worden und über nichts anderes (Leid). Wenn einer von ihnen mit uns übereinstimmt, man müsse die Bezeichnungen für Gott so auffassen, wie sie allgemein fixiert sind, und wenn er sie nicht in dem Sinne festlegt, dass Gott an allen Orten sei, so ist, wenn immer er die Aussage auf Gottes Wissen und Vorsehung anwendet und bezieht, sein Gedanke zwar richtig, das Wort aber bleibt unzulässig. Es geht doch nicht an, dass man sagt: Gott sei jedem Ort benachbart oder er berühre ihn, steige herab und verweile dort, um damit auszudrücken, er wisse um ihn und habe Fürsorge für ihn.

(51) Was nun die Behauptung betrifft, die Tradition habe die Form der Sätze: 'Der und der ist beim (*fī*) Bau seines Hauses, bei seiner Ṣalāt, bei seinem Werk', und sie bedeuteten 'Der und der trägt Sorge dafür', so ist zu entgegnen, dass das ebenfalls ein Irrtum ist; denn die Sätze, die ihr anführt, sind verkehrte Sätze, als ob man sagen könnte: "Ich habe die Mütze in meinen Kopf gesteckt" und "Ich habe das Grab in Zaid getan" und "Ich habe den Schuh in den Fuss getan", wo doch der Fuss in den Schuh und Zaid ins Grab und der Kopf in die Mütze gebracht worden ist. Ebenso ist auch das Tun in einem Menschen, und das Bauen ist in ihm, aber nicht: Er ist im Tun. Gerade das liegt in der Redensart vor, die man nicht heranziehen soll. Es ist nicht in der Ordnung, dass sie angeführt wird, weil sie unter die Arten der übertragenen [Sätze] fällt. Man soll aber nur die Grundbedeu-

tungen als Ausgangsfälle anführen und ihre Bedeutungen erklären, wenn die Anwendung einer Analogie in dem betreffenden Falle zulässig ist.

(52) Soviel genügt als Erweis, dass die Lehre al-Bālḫī's und seiner Anhänger, welche lehren, Gott sei an allen Orten und unsere Tradition im Sinne seiner diesbezüglichen Lehre verstehen, irrig ist.

Die Freude Gottes (Faraḥ allāh).

Wir legen eine andere von jenen Traditionen vor, die eine Erklärung fordern.

(53) Es handelt sich um die, welche Simāk b. Ḥarb nach an-Nuʿman b. Bašīr vom Propheten überliefert, er habe gesagt: "Wahrlich, Gott freut sich mehr über die Busse des Menschen als der Mensch, wenn sein Reittier in der Wüste an einem Sommertag in die Irre geht und seinen Wegvorrat bei sich hat". Damit ist gemeint: Wenn das Reittier in die Irre geht, so ist der Mensch seines Unterganges gewiss. Findet er es nun wieder, so freut er sich darüber; aber Gott freut sich mehr über die Busse seines Knechtes als dieser Knecht über das wiedergefundene Reittier. Ein Gegenstück zu dieser Tradition bildet u. a. die, welche Abū Huraira vom Propheten überliefert, er habe gesagt: "Nicht geht der erwachsene Mann eifrig in die Moscheen zur Ṣalāt und zur Anrufung, ohne dass Gott ihm ein freundliches Gesicht zeigt, bis dass er herauskommt, gerade wie die Angehörigen eines Abwesenden ein freundliches Gesicht zeigen, wenn ihr Verwandter wieder bei ihnen ankommt".

(54) **Erklärung.** Wisse, dass das Wort Freude (*faraḥ*) in der arabischen Sprache in verschiedenen Bedeutungen angewandt wird. Einmal als Freude (*faraḥ*) im Sinne von Vergnügen, Befriedigung (*surūr*). Hierher gehört das Koranwort (10, 23): 'Bis, wenn ihr in dem Schiffe seid, und wir sie mit gutem Winde segeln lassen und sie darüber 'froh' sind, d. h. darüber 'vergnügt' sind...'. Diese Bedeutung ist bei Gott nicht zulässig, weil sie fordern würde, dass man Begierde, Bedürfnis und Neigung zum Genuss bei Gott — er ist erhaben darüber — für möglich erklärte.

(55) Weiter gehört hierher Freude (*faraḥ*) im Sinne von Übermut und Ausgelassenheit (*al-baṭar wa l-ašar*). So in dem Koranwort (57, 23): 'Und dass ihr nicht froh seid über das, was er euch gibt' und dem Wort (28, 76): 'Gott liebt nicht die Fröhlichen' und in dem Wort (11, 13): 'Er ist fröhlich und prahlerisch'. Damit sind Übermut und Ausgelassenheit gemeint, und das Wort des Dichters (1) gehört hierher: 'Ich bin nicht fröhlich, wenn das Geschick

(1) Vgl. Muḥibb ad-Din Efendi, *Šarḥ šawāhid al-Kaššāf* (Būlāq 1281) S. 35.

mich erfreut und nicht ungeduldig über seinen veränderlichen Wechsel'. d. h. ich bin nicht ausgelassen und übermütig, wenn das Schicksal mich begünstigt und mir freundlich ist.

(56) Nach seiner dritten Bedeutung steht Freude (*faraḥ*) im Sinne von Wohlgefallen (*riḍà*) z. B. im Koranwort (30, 31): 'Jede Gruppe ist froh über das, was sie im Sinne hat', d. h. sie hat Wohlgefallen daran. Und da jeder, der über eine Sache froh ist, Wohlgefallen daran hat, sagt man: er freut sich (*fariḥa*) darüber, im Sinne von: er hat Wohlgefallen daran. Die Bedeutung unserer Tradition geht auf dieses letzte hinaus, weil Übermut (*baṭar*) und Befriedigung (*surūr*) nicht mit Gott vereinbar sind. Sinn der Überlieferung ist, dass Gott mehr Wohlgefallen an der Reue des Menschen hat als ein Mensch Wohlgefallen empfindet, der sein Tier wiedergefunden hat.

(57) Wisse: Der Stamm 'Wohlgefallen' (*riḍà*) findet nach unseren Prinzipien nur auf einen Menschen Anwendung, den sein Herr offenkundig zum vollkommenen Glauben und Gehorsam führt. Wenn Gott einen zur Reue über seine Sünden gelangen lässt, so hat er Wohlgefallen daran, ihn für das Gute zu belohnen und seinen Gehorsam und seine guten Werke anzunehmen. Gott hört aber nach unserer Meinung nicht auf an dem Wohlgefallen zu haben, von dem er weiss, dass er im Glauben stirbt, den er in seinem Lobe wachsen lässt und mit dem Glauben, dem Guten und der Frömmigkeit belohnt. Nach dem Gesagten ist die Bedeutung dieser Tradition, uns erkennen zu lassen, dass Gott es ist, der sich zum Menschen wendet, damit dieser sich bekehre, wie es im Koran heisst (9, 119): 'Dann wandte er sich ihnen zu, damit sie sich bekehrten'. Das beweist (Leid, Vat) die Richtigkeit unserer Lehre, dass Gott der Schöpfer der Taten der Menschen ist [1] und dem Guten, das von ihnen ausgeht, seine rechte Vollendung gibt. Was Gott aber zum Guten gebraucht, das ist zum Bösen unbrauchbar. Wenn es sich so verhält, so liefert uns diese Tradition den Nachweis, dass unsere Lehre über das Wohlgefallen (*riḍà*) richtig ist. Die guten Werke kommen dem Menschen durch das Wohlgefallen Gottes und nicht durch ihn selbst zu. Gott ist es, der dem Menschen dazu verhilft und ihm Gelingen dazu gibt, und wenn er weiss, dass jemand nicht dazu fähig ist, so macht er ihm der Weg dazu leicht; denn für einen Menschen wird ja der Weg zu einer Sache leicht, wenn man ihm Freude daran macht. So zeigt dieser Umstand die behandelte Eigenschaft Gottes.

(58) Der Prophetenausspruch über das 'Zeigen des freundlichen Gesichtes' ist ebenfalls nach dem Gesagten zu interpretieren. Die Bedeutung dieses Wortes ist nämlich annähernd gleich der von 'Fröhlichkeit' (*faraḥ*) und 'Wohlgefallen' (*riḍà*) an dem, was geschieht, und 'ein heiteres Gesicht' (*bišr*) wegen

[1] Vgl. den Artikel *Kasb* in EI (D. B. Macdonald) usw.

dessen, was leicht wird. Die Araber sagen: ‘Ich sah an ihm Fröhlichkeit und Freundlichkeit’ (*bašāša wahašāša*) das heisst ‘Freude’ (*faraḥ*), und sie sagen auch: ‘Jemand ist fröhlich und freundlich’ (*hašš bašš*), das heisst ‘freudig’ (*fariḥ*), wenn er ein heiteres Gesicht zeigt über das, was sich ereignet und Wohlgefallen daran hat. Auf diesem Weg ergibt sich als Bedeutung unserer Tradition, dass Gott den eifrigen Besuch der Moscheen zu Ṣalāt und Anbetung wohlgefällig ansieht. Er hilft den Menschen dabei, er macht es ihnen leicht, sich ihm in dieser Weise zu nahen, und er erleichtert ihnen den Weg dieses treuen Dienstes. Ähnlich sagt man, wenn jemand den Besuch eines Gastes erhält, der in der Ferne war, und ihm die Dinge, welche er ihm mit Wohlgefallen einräumt und zugesteht, leicht zu machen beginnt: er zeigt ihm ein freundliches Gesicht.

(59) Wisse: Die Araber haben in ihrer Sprache Metaphern, so offenbar das Koranwort (16, 113): ‘Da liess Gott sie das Gewand des Hungers und der Furcht verkosten’, mit der Bedeutung von ‘auf die Probe stellen’ und ‘prüfen’, obwohl die Wurzel ‘verkosten’ das Kosten mit dem Mund bezeichnet. Ebenso sagen die Araber: “Disputiere mit jemand und prüfe seine Ansicht” oder “Prüfe den Bogen durch Spannen, damit du seine Weichheit und seine Härte erkennst”. Gleiches gilt von dem Wort des Propheten: “Er zeigt ein fröhliches Gesicht” und “Gott ist freudiger als...”. Es bezieht sich in Wahrheit darauf, dass Gott die wohlgefälligen Werke in einem Menschen, der sich von seinen Sünden zu ihm bekehrt und den er zum Gehorsam gelangen lässt, hervorbringt und dann ein ähnliches Vorgehen zeigt wie einer von uns Menschen, wenn er etwas bemerkt, das ihn erfreut und versöhnt, mag das auch bei Gott nicht denkbar sein. Man will mit diesen Worten der Erklärung nur näherkommen (Leid, Vat) und will verständlich reden, wie es in Gottes Gemeinde gebräuchlich ist. Es ist wahrscheinlich, dass der Prophet mit seiner Andeutung die Worte Reue, Gehorsam, gute Werke und Besuch der Moscheen hatte in Erinnerung bringen wollen, um das Verlangen nach Eifer in der Reue zu erwecken. Nachdem er uns solche Dinge gepredigt hatte, hat er uns mit den beredtesten Worten, mit denen man dazu einladen kann, sie zu tun ermutigt. Die Motive, sie auszuüben und darin eifrig zu sein, sollten zahlreich vorhanden sein, nachdem er zu einem Volke, das für sie zugänglich war, mit den gewinnendsten Worten davon gepredigt hatte.

(60) Die Arten der Metaphern und die richtige Bestimmung ihrer Bedeutungen sind ferner bei den Gelehrten gesichert und stehen fest, sodass kein Zweifel darüber bleibt. Es ist auch keine irrige Einbildung, dass eine Metapher den richtigen, bei Gott annehmbaren Gedanken und nicht etwas Unannehmbares ausdrückt. Damit ist es wie mit irgend einer anderen Eigenschaft von Gottes Wesen und Tätigkeit, soweit sie ihm und den Geschöpfen gemeinsam (Leid, Vat) ist. Sie kommt ihm in dem Sinne zu, der bei seiner Beschreibung

richtig und bei seinem Wesen erlaubt ist, und ebenso dem Geschöpf, wenn es etwa eine ähnliche, bei ihm zulässige Eigenschaft hat. Man darf es nicht übel aufnehmen, dass das Wort 'ein frohes Gesicht zeigen', nachdem es in einer Tradition vorkommt, auf Gott angewandt wird, weil das Denken die richtige der beiden Bedeutungen und den erlaubten Inhalt aufdeckt. Die Sprache kann man nicht ablehnen und die Tradition, da sie echt ist, nicht zurückweisen. Vielmehr ist das richtige Denken, das zwischen Irrtum (Leid, Vat) und Wahrheit unterscheidet, auch für diese Überlieferung in gleicher Weise zuständig wie für die anderen auf Gott angewandten, ihm mit den Geschöpfen gemeinsamen Worte. Mit der überlieferten Anwendung des Wortes 'lachen' auf Gott, die wir erwähnt und von deren Bedeutung wir oben gesprochen haben, soll ein ähnlicher Gedanke zum Ausdruck gebracht werden.

Die Verwunderung Gottes (ʿAǧab allāh).

(61) Wir legen eine andere von jenen Traditionen vor, die eine Erklärung fordern, welche der eben behandelten Kategorie von Überlieferungen ähnlich sind und welche uns zwingen, solche Aussprüche des Propheten zu interpretieren (Leid), die unter seinen unterschiedlich aufgefassten Worten überliefert werden.

Er soll gesagt haben: "Euer Herr wundert sich über einen jungen Mann ohne Knabentorheit". In einer anderen Tradition heisst es: "Euer Herr wundert sich über euer Stöhnen und euere Verzweiflung" wofür einige lesen: "Ich wundere mich...". Weiter wird vom Propheten überliefert: "Unser Herr wundert sich über Leute, die man mit Ketten ins Paradies schleppen muss". Ferner, dass er gesagt hat: "Dreierlei bewundert Gott, wenn die Leute bei der Ṣalāt in Reih und Glied treten, wenn die Leute in Reih und Glied treten, um die Götzendiener zu bekämpfen, und wenn ein Mann mitten in der Nacht zur Ṣalāt aufsteht". Schliesslich überliefert Abū Huraira: "Ein Mann brachte einen Gast zu einem der Anṣār. Da sagte dieser zu seinem Weibe: 'Komm, wir wollen heute abend für unseren Gast hungrig bleiben. Wenn du ihm das Essen vorgesetzt hast, werde ich das Licht auslöschen, damit er allein essen kann'. So tat ich," fügte Abū Huraira hinzu, "und in der Morgenfrühe begab ich mich zu Propheten. Da sagte dieser: 'Wahrlich, Gott hat gestern euere Tat bewundert'. Dann offenbarte Gott ihretwegen das Koranwort (59, 9): 'Sie ziehen sie sich selber vor, auch wenn sie in Not wären'".

(62) Antwort auf die gegebenen Fragen. Wisse: In der Grundbedeutung von 'sich wundern' (*taʿaǧǧub*) ist, wenn es auf einen Menschen angewandt wird, enthalten, dass eine Sache an jemanden herantritt, die er für eindrucksvoll an-

sieht und die er vorher nicht gekannt hat. Das passt nicht auf Gott. Wenn es in einer Aussage von Gott heisst: Er wunderte sich (*ʿağiba* oder *taʿağğaba*), so bestehen zwei Möglichkeiten, von denen eine gemeint ist. Entweder bedeutet es, dass Gott das, was eindrucksvoll ist, für wertvoll erklärt und erhebt, weil einer, der etwas bewundert, den Gegenstand seiner Bewunderung preist... [1]. Weil aber Gott über das, was war und sein wird, unterrichtet ist, so passt die eine der beiden Bedeutungen nicht auf ihn, nämlich die, welche voraussetzt, dass Gott seine Kenntnis von einer Sache, über die er nicht unterrichtet war, ergänzt. So bleibt nur, dass das Preisen und Erheben (nämlich jener Taten, die nach dem Wortlaut der Traditionen die Bewunderung Gottes hervorrufen) sich in der Ṣalāt und im Volke Gottes [Leid, Vat: in den Herzen d. V. G.] vollzieht. Oder mit ‘sich wundern’ ist gemeint, dass Gott an den Werken der Frömmigkeit Wohlgefallen hat und sie gnädig aufnimmt. Denn wenn jemand eine Sache bewundert, so hat er Wohlgefallen daran und nimmt sie gerne an. Es ist nicht richtig, dass jemand etwas bewundert, worüber er unzufrieden ist und was er nicht will. Als daher der Prophet den Wert dieser Taten in den Herzen zu Ehren bringen wollte, prägte er, um zu ihrer Ausübung zu mahnen und das Verlangen nach Eifer in ihnen zu wecken, den Ausspruch, der ihre Hochschätzung notwendig hervorbringen musste.

(63) Wenn man das Wort Gottes aber nach der Lesart (Q. 37, 12) [2]: ‘Ich habe mich gewundert’ nimmt, so kann seine Erklärung in zweifacher Weise erfolgen.

Entweder ist gemeint: Gott vergilt es den Menschen, dass sie sich gewundert haben; denn er hat von ihnen gesagt (vgl. Q. 50, 2; 38, 3, 4): ‘Sie haben sich über die Wahrheit gewundert, als sie zu ihnen kam und gesagt: Das ist eine wunderliche Sache’. Diese Weise voranzugehen ist unter den Arabern bekannt unter der Bezeichnung: Vergeltung einer Sache mit dem, was ihren Namen trägt. In diesem Sinne sagt z. B. jemand [3]:

“[Wahrlich, nicht möge sich jemand unverständig gegen uns benehmen (Leid, Vat)], sonst werden wir alle an Unverständigkeit überbieten”, und ebenso sagt der Koran (2, 190): ‘Und seid ihm feind [wie er euch feind ist (Leid, Vat)]’ oder auch (10, 28): ‘Und die Vergeltung für ein Übel ist ein gleiches

(1) Das zweite Glied der Disjunktion fehlt, ohne dass sich in den Handschriften eine Spur davon findet. Es fehlte also wohl schon in der Originalniederschrift. Nach dem Folgenden kann man vermuten, dass etwa gesagt werden sollte: ‘oder es ist gemeint, dass das Volk Gottes diese Bewunderung empfindet, weil Gott sie in ihm hervorruft’.

(2) Die jetzt geläufige Lesung der Stelle ist *ʿağibta*; *ʿağibtu* ist Variante, die im Folgenden (s. u.) vorausgesetzt ist. Beachte auch oben (61) die Variante der Tradition. Zur Stelle siehe u. a. aṭ-Ṭabarī, *Tafsīr* (Kairo 1321) 23, 26, 18 ff.

(3) Amr b. Kulṯūm, *Muʿallaqa* v. 53 (Nöldeke), *Sitzungsberichte der k. Akademie der Wissenschaften in Wien*, Phil.-hist. Klasse 140 (1899) VII. S. 28.

Übel'. So bekommt das zweite Glied jeweils den Namen (Leid, Vat) des vorausgehenden.

(64) Nach der anderen Auffassung ist mit 'Ich staunte' der Prophet gemeint, und zwar geschieht die Erwähnung, wie wir es früher schon erklärt haben, derart, dass Gott seinen besonders vertrauten Freund nennt, während die Rede von Gott selbst handelt. So ist es z. B. ebenfalls in dem Satze (vgl. Q. 26, 80): 'Ich (1) bin krank gewesen und ihr habt mich nicht besucht' und mit dem Koranwort: 'Diejenigen, welche Gott (1) Schaden zufügen...' und schliesslich mit dem Koranwort (43, 55): 'Und wenn sie uns (1) zum Zorne reizen...' d. h. wenn sie unsere Freunde erzürnen.

(65) Manche haben indessen diese Lesart geleugnet. Denn Šaqīq sagt: "Ich habe bei Šuraiḥ gelesen: 'Richtiger: du wunderst dich' (*ʿağibta*) (2). Er fügt nämlich hinzu: Gott wundert sich über nichts; denn wundern kann sich nur jemand, der in Unkenntnis ist". Šaqīq sagt dann weiter: "Diese Meinung brachte ich einmal bei Ibrāhīm vor, da sagte er: 'Šuraiḥ ist ein Dichter (Leid, Vat), der auf sein Wissen eingebildet ist. ʿAbdallāh b. Masʿūd ist gelehrter als er, aber er las (Leid, Vat): 'Ich wundere mich'".

(66) Einige Sprachkenner sagen auch, der Satz habe die virtuelle Bedeutung: "Sprich, o Muḥammad: Ich bewundere die Macht Gottes". Aber das ergänzte Wort sei ausgelassen, weil der Zusammenhang darauf hinweise. So sage z. B. der Dichter:

"Umm Ḥubān hat es unternommen, mich eines Vergehens zu beschuldigen, das ich ganz und gar nicht begangen habe. Seit sie gesehen hat, dass mein Kopf dem eines Kahlkopfs gleicht, der Haarbüschel um Haarbüschel abwirft, sind die Nächte dahingegangen: Mache langsam und mache schnell" (3). Das heisst: "dass er zu ihr sagte: Mache langsam und mache schnell". Aber der Dichter hat diese Worte ausgelassen, weil der Satz selbst sie nahelegt.

(1) Formal sei Gott Subjekt (bzw. Objekt), gemeint der Prophet.

(2) Da im Vorausgehenden (s. o. S. ٣٣, ٣) und im Folgenden (s. u. S. ٣٣, ١٣) ausdrücklich *ʿağibtu* zweimal als Lesart (*biḍamm at-tā'*) angegeben ist, die von Šuraiḥ verworfen und durch eine andere ersetzt worden sein soll, ist es unmöglich, auch hier wieder *ʿağibtu* zu vokalisieren, wie Leid und Leipz tun. Denn so hätten wir eben keine andere Lesart, wie es doch nötig ist. Um zu dieser notwendigen anderen Lesart zu kommen, vokalisiert Leid im Folgenden *ʿağibta* und nimmt den unmöglichen Satz in Kauf: *wakāna yaqra'u bal ʿağibta* (!) *biḍamm at-tā'*! Offenbar konnten sich Leid und Leipz nicht darein finden, dass Ibn Fūrak (Q 37, 12) die Variante *ʿağibtu* statt der gewöhnlichen Lesart *ʿağibta* vorausgesetzt hat, und doch ist nur in diesem Fall der ganze Abschnitt am Platze.

(3) Von Abū n-Nağm, vgl. *Lisān al-ʿarab* X, 177, 22.

Der Atem Gottes (Nafas allāh).

(67) Wir legen eine andere von jenen Traditionen vor, die eine Erklärung fordern. Sie wird vom Propheten überliefert, welcher sagt: " Tadelt den Wind nicht; denn er ist Atem Gottes (*min nafas ar-Raḥmān*) ". In einem anderen Ausspruch vom Propheten wird überliefert: " Ich spüre den Atem eures Herrn vom Jemen her ". In einem weiteren Wort heisst es: " Das ist der Atem meines Herrn, ich spüre ihn zwischen meinen Schultern. Jetzt kommt er zu euch ".

(68) Erklärung: Wisse: ' Der Atem ' (*an-nafas*) wird im Arabischen im Sinne von ' atmen ' (*tanaffus*) und auch im Sinne von ' trösten, aufheitern ' (*tanfīs*) gebraucht. Im Sinne von ' atmen ' begegnet es uns in dem Satze: ' Vom ausgestossenen Atem ist die Rede, wenn ein Lebewesen einen Hohlraum hat, Atem schöpft und den Atem Stoss für Stoss von sich gibt '. Das ist nicht der Sinn unserer Tradition (Leid, Vat); denn Atmen ist bei Gott sinnlos, weil er weder getrennte Teile noch von einander verschiedene Körperorgane hat. Wie können darum die Ǧasmīya, die Gott vermenschlichen, behaupten, dass es sich aus der Bedeutung von ' atmen ' ergebe, wo doch nach ihrer Meinung das Wort ' der Unwandelbare ' (*aṣ-ṣamad*) mit ' der Feste (*al-muṣmit*), der nicht hohl ist ', erklärt werden muss, und der Atem nur von einem hohlen Wesen ausgeht?

Da ' Atem ' also nicht im Sinne von ' atmen ' (*tanaffus*) vorliegt, hat es die Bedeutung ' trösten, aufheitern (*tanfīs*, Leid, Vat) '. Diese Bedeutung findet sich bekanntlich in dem Satz: ' Ich habe den und den getröstet (*tanfīs*), d. h. ich habe ihm Trost gespendet (*tafrīǧ*) ' und ' Ich habe mit Zaid wegen der Befriedigung seines Gläubigers gesprochen (*tanfīs ʿan*) '. Man sagt auch: ' Gott befreite den und den von seinem Kummer (*tanfīṣ ʿan*) ' d. h. er nahm den Kummer von ihm weg (*tafrīǧ ʿan*). Weiter heisst es in einer Tradition: " Wer einen betrübten Gläubigen von seiner Traurigkeit befreit (*tanfīs ʿan*), dem wird Gott seine eigene Traurigkeit abnehmen am Tage der Auferstehung ".

(69) Nun zu dem Prophetenwort: " Der Wind ist Atem Gottes. " Seine Bedeutung ist also diese: Gott tröstet mit dem Wind und heitert mit ihm die bekümmerten und traurigen Menschen auf. Ferner ist in einer Tradition überkommen, Gott habe seinen Propheten am Tag der Scharen mit dem Wind getröstet. Darum sprach er (Q. 33, 9): " Dann sandten wir wider sie einen Wind und Heerscharen, welche ihr nicht sahet ". Eine bei den Araben gewöhnliche und gebräuchliche, bei den Sprachkennern unbestrittene Redewendung lautet

schliesslich: "Tue es, wenn du von deinen Geschäften frei bist (*fī nafas min*)" d. h. wenn du Musse hast. Und man sagt auch (Leid, Vat): "Hohes Alter und Krankheit und dergleichen sind Unglück; aber mit dem Wind lindert Gott die Heimsuchungen".

(70) Dem Hauch des Windes ist es weiter eigen, dass er dem Wanderer die Reise angenehm macht, wenn er im heissen Lande weht, nachdem die Mittagsgebete [1] die Pest weggenommen haben. Wenn er eine Zeitlang weht, so macht er die Wolken gross, und wenn er eine Zeitlang weht, so befruchtet er mit Gottes Zulassung die Bäume. So heisst es im Koran (15, 22): "Wir haben die Winde zum Befruchten gesandt", und die Araber sagten: "Wenn die Winde viel wehen, kommt viel Fruchtbarkeit und Glück", und "Wenn der Wind weht, so erlangt der Kranke oder Betrübte in seinem kräftigenden Hauch Beweglichkeit und freut sich in seinem Zustand". Man zitiert (Leid, Vat) hier auch das Wort eines Dichters: "Weil sich, so oft der Ostwind wie ein Duft über das Herz eines Bekümmerten weht, die [2] Sorgen lösen". In ähnlichem Sinne erzählt ein arabischer Autor: "Ich kam unversehens in einen Talgrund zwischen zwei Bergen, so gesegnet, dass ich niemals ein fruchtbareres Tal gesehen hatte. Allein die Gesichter seiner Bewohner waren mürrisch, und ihre Farbe war gelb. Da sagte ich zu ihnen: 'Euer Tal ist das allerfruchtbarste, aber ihr seht nicht wie Leute aus, die von Fruchtbarkeit umgeben sind'. Da sprach einer von ihren Scheichs zu mir: 'Wir haben keinen Wind'". Das zeigt, dass Gott uns mit dem Wehen des Windes ein 'Atmen' d. h. die 'Befreiung' und die 'Beseitigung von Heimsuchungen und Sorgen', welche die Herzen erfüllen, gegeben hat. Mit dem Wehen einiger Winde ist auch das Wohlsein und die Gesundheit von Körper und Leib verbunden.

(71) Das Prophetenwort ist also entsprechend diesen Darlegungen so zu erklären: 'Der Wind ist der Atem Gottes' heisst, Gott hat ihn zur 'Erleichterung' (*tanfīs*), 'Tröstung' (*tafrīǧ*) und 'Erquickung' (*tarwīḥ*) gegeben. Die Genetivverbindung bezeichnet eine Tätigkeit und bedeutet, dass Gott den Wind dazu gemacht und die Erquickung mit ihm verbunden hat.

(72) Was dann ferner das Prophetenwort: "Ich spüre den Atem eures Herrn vom Jemen her" angeht, so ist sein Sinn dieser: Ich spüre, dass Gott mich tröstet und mich von meinem Kummer dadurch befreit, dass er mir seine Hilfe durch die Leute aus Jemen sendet. Denn als die Muhāǧirūn dem Propheten zu Hilfe eilten, befreite ihn Gott von der Misshandlung durch die Götzendiener und tötete sie durch die Hand der jemenischen Muhāǧirūn und der Anṣār. Der Prophet pflegte überdies die Leute aus Jemen zu loben. Es

(1) s. *Tāǧ al-ʿarūs* (Kairo 1305) ǧuzʾ 3; S. 164 u

(2) Die Beziehung von *hā* in *humūmuhā* ist nicht ersichtlich.

wird von ihm überliefert, dass er gesagt habe: “ Der Glaube ist jemenisch und die Weisheit ist jemenisch ”.

(73) Und endlich zum Wort des Propheten: “ Das ist der Atem meines Herrn. Ich spüre ihn zwischen meinen Schultern. Jetzt kommt er zu euch ”. Es bedeutet dasselbe wie der Satz: Das ist die Offenbarung (Leid, Vat), mit der Gott, mein Herr, mich jetzt tröstet, durch die er meine Sorgen und meinen Kummer wendet und mir das Herz erleichtert und befreit. Damit sind der Zuwachs am Geiste gnadenhafter Zuversicht, den der Prophet im Laufe seiner Tage fand, und die Gaben der Erleuchtung sowie der göttlichen Hulderweise, die Gott ihm immer aufs neue schenkte, gemeint. Das nennt man ‘ Atem des Herrn ’, weil Gott den Propheten damit tröstete. Diese Genitivverbindung bedeutet, dass Gott von ihm Besitz ergriffen hat und ihn führt.

(74) Da also das Wort ‘ Atem ’ (*nafas*) die Bedeutungen ‘ atmen ’ (*tanaffus*) und ‘ trösten, erheitern ’ (*tanfīs*) ausdrücken kann, da atmen eine Eigenschaft von Dingen ist, die eine Höhlung haben, und solche Dinge immer Körper sind, welche auf ihnen eigentümliche Weisen zusammenhängen, und weil man das von Gott nicht denken darf, muss das Wort im Sinne von ‘ befreien ’, (*tanfīs*) das heisst ‘ Heimsuchungen und Sorgen wegnehmen ’ verstanden werden.

Das Hauchen Gottes (Nafḫ allāh).

Ein anderes Kapitel: Erklärung der Traditionen über das Hauchen.

(75) Diese Sache erwähnt Gott im Koran im Vers (38, 72): “ Und wenn ich ihn geformt und ihm von meinem Odem eingehaucht habe... ”, und im Vers: (21, 91) “ Wir haben ihm von unserem Odem eingehaucht ”. Qutāda überliefert von Anas, dass er gesagt habe: “ Der Prophet sprach: Gott versammelt die Menschen am Gerichtstag, und deswegen irren sie umher und sagen: ‘ Wenn doch einer Fürsprache für uns bei unserem Herrn einlegen wollte, dass er uns Ruhe gibt von diesem unserem Orte ’. Dann sagen sie: ‘ Adam, du bist es, den Gott mit seiner Hand geschaffen und dem er von seinem Geiste eingehaucht hat... ’ ”. Weiter wird von Abū Huraira nach Abū Salma überliefert, der Prophet habe gesagt: “ Adam begegnete dem Moses. Da sagte Moses zu ihm: ‘ Du bist Adam, den Gott mit seiner Hand geschaffen und ins Paradies gesetzt hat, vor dem er seine Engel niederknieen liess und dem er von seinem Geiste eingehaucht hat. Warum hast du deine Tat getan? ’ ”. Und man berichtet die Überlieferung... (1).

(1) Hier scheint eine weitere Tradition, die Ibn Fūrak vorschwebte, nicht eingesetzt zu sein.

(76) Die Antwort darauf lautet: Wisse: Wenn man von Gott aussagt, er hauche den Odem ein, so bedeutet das, dass er den Odem in einem seiner Geschöpfe schafft. Gottes Tun ist nicht direkte Betätigung und Zeugung, sondern alles Tun Gottes ist Anfangen und Erfinden von seiner Seite, das keine Veränderung in dem fordert, der erfindet, und ebensowenig besagt, dass irgendein Tun in ihm neu entstehe. Wenn nun der Name 'Gott' im Genetiv von 'Hauch' abhängig gemacht wird, so hat das den Sinn und die Bedeutung von 'auszeichnen' und 'ehren', weil man eine Sache mit dem Namen Gottes wohl deshalb benennt, um sie zu ehren, mag auch die Beifügung eigentlich eine andere Bedeutung haben. So sagt man z. B. 'Haus Gottes', 'Kamelin Gottes', 'Knecht Gottes', um die erwähnten Dinge durch den Namen Gottes vor allem, was ihren Namen trägt, auszuzeichnen; Gott erzeigt ihnen Gnade und zwar in reichem Masse, indem er sie von ihresgleichen aussondert, um sie mit seinem Namen auszuzeichnen und über ihre Stellung hinauszuheben. In dieser Weise verband Gott auch 'den Geist Jesu' mit sich, sodass er dafür 'der Geist Gottes' sagte. Es handelt sich dabei um eine Art der Genetivverbindungen, welche nicht mehr besagen als die Beziehungen 'Herrschaft, Schöpfung und Leitung'. Denn es ist unmöglich, das Wort 'Gott' im Genetiv einem anderen Ausdruck unterzuordnen, sodass sich ergäbe, Gott wäre jenem Wesen benachbart und würde durch dasselbe verändert; es ist nämlich unmöglich, dass Gott ein Körper oder eine Substanz ist und Veränderungen erleidet durch neu hinzutretende Eigenschaften oder dadurch, dass ein Wesen ihm benachbart wird. [In dieser Hinsicht sind diese Kapitel verwandt, so Gott will (1)].

(1) So Leipz; doch in Wirklichkeit wohl buchtechnische Notiz: 'So sollst du diese Kapitel zu Papier bringen (*turattib*)'. Vgl. S. ٤١ Z. ٥ mit S. ٣٧ Z. ٧ und App.

III. ABSCHLUSS.

Zusammenfassende Rechtfertigung der Erklärungsgrundsätze.

(77) Ein anderes Kapitel. Abhandlung gegen diejenigen, welche behaupten, die behandelten von uns überlieferten Traditionen sowie die ähnlichen von uns wiedergegebenen Überlieferungen und überkommenen Mitteilungen gehörten zu jenen Texten, mit deren Erklärung, Darstellung, Sinndeutung und Kommentierung man sich nicht befassen dürfe ([1]).

(78) Wisse: Wir wissen in dieser Sache zunächst, dass der Prophet nur deshalb zu uns gesprochen hat, um uns etwas mitzuteilen, und zwar hat er in arabischer Sprache zu uns gesprochen mit ihren Worten, deren Sinn den Arabern verständlich war, die sie, wenn sie in ihr sprachen, oft gebrauchten. Es gibt darum keinen Ausweg: Entweder hat der Prophet mit diesen Worten richtige und sinnvolle Bedeutungen ausdrücken wollen oder er hat damit keine Bedeutung verbunden. Allein darüber, dass seine Rede keine richtige Bedeutung und keinen verständlichen Sinn hätte, ist der Prophet erhaben. Wenn dem so ist und seine Aussprüche richtige Bedeutungen haben müssen, so muss es entweder einen Weg zu ihrem Verständnis geben, oder es gibt keinen Weg zu ihrem Verständnis. Wenn es keinen Weg zu ihrem Verständnis gibt, so muss die Unmöglichkeit daher kommen, dass die Redeweise, in der der Prophet zu uns gesprochen hat, keinen verständlichen Sinn und keine begreifbare Bedeutung hat. Das Gegenteil ist aber der Fall. Wisse, dass die Worte für die Angeredeten nicht unverständlich waren; da nämlich der Prophet damit etwas anderes als ihre unmittelbare Bedeutung und ihren nächstliegenden Sinn gemeint hat, treten sie aus dem Rahmen einer verständlichen Redeweise nicht heraus. Wenn es so

([1]) Dass der Autor im Folgenden an dieser Stelle Fragen, die er bereits zu Beginn des Werkes behandelt hatte, unter verändertem Gesichtspunkt wieder aufgreift, wird kaum zufällig sein oder als Zeichen dafür angesehen werden dürfen, dass er sein Buch ziemlich lose zusammengefügt habe. Das antike Stilgesetz, das offenbar in Worte gefasst war und noch in der Renaissance beobachtet wurde, fordert für eine literarische Einheit die Verknüpfung von Anfang und Schluss. (Nähere Belege zu geben ist hier leider unmöglich; doch spielt offenbar noch St. Ignatius von Loyola darauf an, wenn er den Schluss seines Briefes über den Gehorsam mit den Worten beginnt: "Y asi como he començado quiero acabar en esta materia, ..." [Monumenta Ignatiana ser. I, tom. IV, pg. 681]). Ein anderes ist es freilich, ob diese gewollte Kunst, die sich in unserem Werk auch sonst beobachten lässt, wirklich immer ansprechend wirkt, oder ob es öfter bei dem guten Willen blieb, den wir Heutige allerdings sehr ungnädig zu beurteilen gewohnt sind. Die doppelte Formel (S. ٣٧ Z. ٦ und S. ٤١ Z. ٥) deutet indessen vielleicht doch auf späteren Zusatz.

ist, dann kann man sich über den Sinn der Worte unterrichten, und es ist nicht unmöglich, ihre Bedeutung herauszufinden. Wisse, dass eine solche Weise sich auszudrücken das Verständnis des Sinnes der Rede und ihres Lehrgehaltes nicht hindert, und dass dagegen die Behauptung derer keinen Sinn hat, welche sagen, man könne ihren Sinn nicht verstehen. Wenn es sich so verhielte, wäre dann nicht die Rede des Propheten ohne Inhalt und seine Worte ohne richtige Bedeutung? Das darf man aber beim Propheten nicht annehmen.

(79) Frage: "Lehrt ihr nicht, dass man die dunklen Koranstellen nicht versteht, obschon sie in arabischer Sprache abgefasst sind und notwendig einen Sinn haben?" Antwort: Auf diese Frage gibt es zwei Antworten: Manche Anhänger unserer Schule lehren: "Es gibt dunkle Korantexte, deren Erklärung nur Gott versteht. Die in der Wissenschaft erfahrenen Männer sprechen: 'Wir glauben daran, aber ihre Erklärung verstehen wir nicht, denn Gott allein weiss ihre Erklärung. Jedoch liegt die Bedeutung dieser Texte in der Rezitation, welche das bekannte gute und empfohlene Werk ist, dessen Tun belohnt wird.'" Andere sagen: "Es gibt keine dunklen Stellen im Koran, deren Sinn die in der Wissenschaft erfahrenen Männer nicht wüssten. Denn das Wort (Q. 3, 5) 'die in der Wissenschaft erfahrenen Männer' ist mit dem Worte 'ausser Gott' zu verbinden." Und damit wird die Frage hinfällig.

(80) Eine andere Frage: "Sind nicht die Bedeutungen der Worte, die in den behandelten Traditionen überkommen sind, wenn sie nach dem bei uns geläufigen Sinn verstanden werden, als Aussagen über Gott unrichtig; wenn sie aber über ihre gemeinverständlichen Bedeutungen ausgedehnt werden, kommt man dann nicht bei Gebrauchsweisen an, die dem Sprachgebrauch nicht (Leid, Vat) entsprechen und deren Verständnis dem Wissen Gottes allein vorbehalten ist?" Antwort: Die Bedeutungen der Worte in den Traditionen werden so aufgefasst, wie es in einer Aussage über Gott richtig ist, und dementsprechend verstanden. Es verhält sich damit wie mit den übrigen Aussagen, die im Koran in der Beschreibung von Gottes wunderbaren Eigenschaften vorkommen, und für welche sowohl Texte als auch die definitive Fixierung des Sinnes vorliegen. Die Bedeutungen jener Aussagen werden verstanden und geordnet, wie die richtige Beurteilung sie entsprechend der Verschiedenheit der beiden durch sie beschriebenen Wesen erklärt hat, nachdem ihre Grundbedeutungen, ihre Definitionen und die daraus notwendig folgenden Bestimmungen Schöpfer und Geschöpf [trotz ihres Unterschiedes] umspannen (wtl.: aus ihm d. h. dem Unterschied zwischen Schöpfer und Geschöpf nicht herausgehen). Wenn man wegen der Behauptungen der Gegner vor den Bedeutungen der Worte, die in den behandelten Überlieferungen über die Eigenschaften Gottes vorkommen, haltmachen müsste, so müsste man auch vor den übrigen Aussagen über Gott, die in den Versen des Korans überkommen sind, haltmachen, weil sie durch ihren ähnlichen Sinn mit diesen

Überlieferungen zusammengehören. Nachdem das aber nicht erlaubt ist, und nachdem die sonstigen überlieferten Aussagen über Gott, wie es richtig ist, verstanden werden, ohne dass man vor dem Sinne haltmacht, ist es ebenso mit diesen Worten, welche in den behandelten Traditionen überliefert sind.

(81) Eine andere Frage: "Ihr könnt mit derartigen Traditionen das Wissen und die Gewissheit nicht erreichen, weil sie von einzelnen Tradenten überkommen sind. Wie wollt ihr dann ihren Sinn mit dem der Korantexte in Einklang bringen?"

(82) Antwort: Es besteht von einem Gesichtspunkt aus die Möglichkeit, beides in Einklang zu bringen. Wenn nämlich etwas als Aussage auf Gott angewandt wird und einen richtigen, verständlichen Sinn hat, wenn weiter die eine Aussage sicher und die andere möglich ist, und wenn angesichts der Verschiedenheit ihrer beiderseitigen Überlieferung auch nichts die Verschiedenheit ihres Inhaltes notwendig macht, so ist es möglich, diese Aussage in der richtigen Weise aufzufassen und ihren Sinn zu verstehen.

(83) Eine weitere Frage: "Wenn die Tradition, welche von einem einzelnen Überlieferer herrührt, keinen Glauben und keine Gewissheit erzwingen kann, und wenn diese Traditionen auch kein ausschlaggebendes Moment enthalten, welches sie einer bestimmten Klasse zuordnet, wie fasst ihr sie dann auf?"

(84) Antwort: Wenn sie auch keine Gewissheit erzwingen und zu keinem Wissen führen, so bewirken sie doch eine Erlaubtheit und haben ihren Nutzen. Vielleicht dient die Tradition dazu, die Anwendung des Wortes auf Gott möglich zu machen, und vielleicht macht sie sie möglich, sodass sich Gewissheit und fester Glaube ergeben (wtl.: in der Weise der Gewissheit und des festen Glaubens). Wenn aber eine Tradition von vielen Seiten überliefert ist und sei es offensichtlich sei es auf Grund eines offenbarenden Korantextes allgemein anerkannt wird, so fordert sie Gewissheit und festen Glauben in Kraft ihrer Klasse. Wenn sie sich auf die Mitteilung einzelner zuverlässiger und glaubwürdiger Männer stützt, so muss man sie offenbar als erlaubt und die Unmöglichkeit, sie von Gott auszusagen, als beseitigt ansehen, auch wenn damit Gewissheit und fester Glaube nicht erreicht werden. Deshalb haben wir diese Traditionen nach den erwähnten Klassen geordnet.

(85) Wisse: Die Traditionen glaubwürdiger Männer müssen also angenommen werden. Die Rede des Propheten muss die Tradition selbst und ihre Bedeutung umfassen. Solange der Sinn einer Überlieferung erkannt werden kann, gibt es keinen Grund, auf die Untersuchung zu verzichten. Es gibt auch keine Möglichkeit, diese Traditionen zu entwerten, etwa deshalb, weil ihre Erklärung und Einordnung unmöglich scheint. Wenn ferner manche zu Unrecht meinen, man könne die Traditionen nicht erklären, und darum ihre Abschaffung lehren, wenn andere in ihnen die Behauptung von Gottes Ähnlichkeit mit den

Geschöpfen ausgesprochen finden und wieder andere ihnen ihren guten Sinn nehmen, dann muss es um sie bestellt sein, wie wir gesagt und festgestellt haben: die falschen Vorstellungen der Leugner von Gottes Attributen, der Neuerer und der Verteidiger der Ähnlichkeit zwischen Gott und Geschöpf müssen falsch und unhaltbar sein, die Bedeutungen unserer Traditionen müssen gültig und im Sinne unserer Anordnung und Erklärung zu verstehen sein. Unhaltbar sind dagegen die verkehrten Meinungen, um derentwillen man die Erklärung als verboten und die Kommentierung als unstatthaft bezeichnet. Die Lehre, die Traditionen seien weiterzugeben, wie sie überkommen sind, muss ebenfalls so verstanden werden, dass Zusätze und Auslassungen zu vermeiden sind, damit keine Fehler entstehen, namentlich dann, wenn jemand in ihre Erklärung einzudringen sucht, ohne sich auf sie zu verstehen oder in der Lehre von Gottes Einheit und dem wahren Inhalt der Traditionen bewandert zu sein.

(86) [Auf den erwähnten Zweck haben wir (1) diese Abhandlung ebenso wie ihr Verfasser bezogen. Sollte er die Sache nicht so gemeint haben, so haben wir sie klargestellt, um den Irrtum seiner Lehre darzutun und um zu verbessern, was wir gesagt haben.]

(1) Vielleicht Nachwort des Schreibers, für den es nicht ungefährlich gewesen zu sein scheint, das Werk des Feindes der einflussreichen Karrāmiya zu verbreiten.

NAMENVERZEICHNIS

a) Arabische Personennamen.

Abū l-Ḥasan ʿAbdalġāfir ibn Ismāʿīl [1] XVII

Abū l-Qāsim ʿAbdallāh b. Aḥmad b. Maḥmūd al-Balḫī al-Kaʿbī XIV, XVI, 25, 28

ʿAbdallāh ibn Masʿūd 33

Abū Muḥammad ʿAbdallāh b. Muslim b. Qutaiba XI, 11

Abū Muḥammad ʿAbdalmalik ibn al-Ḥasan aṣ-Ṣaʿlī (?) 3

Abū l-Ḥasan ibn Mahdī XI, 11

Abū Huraira 22, 28, 31, 36

Abū Muḥammad aṯ-Ṯaqafī XVI

Abū l-Muhazzim (?) 22

Abū n-Naǧm XXIII, 33

Abū Salma 36

Aḥmad b. Ḥanbal 22

ʿAmr b. Kulṯūm 32

Anas b. Mālik 24

al-Asadī XVIII

al-Ašʿarī XI, XVI, 5

[1] Bei der Transkription arabischer Wörter und Texte wurden die Normen befolgt, die C. Brockelmann auf dem 19. Orientalistenkongress zu Rom 1935 vorgeschlagen hat, ausgenommen die Fälle, in denen Duden eine deutsche Rechtschreibung angibt (aber 'Bagdād' und 'Islām'). Die arabischen Personennamen sind in dieses Verzeichnis nach ihren uns geläufigen oder den im Text angewandten Formen aufgenommen. Allerdings forderte die Klarheit öfter, dass ein Name vollständig wiedergegeben wurde. Dann bestimmte natürlich der Ism seinen alphabetischen Platz.

al-Auzāʿī 7, 8

al-Balḫī s. ʿAbdallāh

al-Bāqillānī XVI

al-Bērūnī XVIII

aḏ-Ḏahabī XVII, XVIII

ad-Daqqāq XVIII

al-Firdausī XVIII

Ǧahm b. Ṣufwān XVI, 5

al-Ġazzālī XV

Ibn ʿAbbās 22

Ibn ʿAsākir XVI, XVII, XVIII, XIX

Ibn Fūrak s. Muḥammad

Ibn Ḫallikān XV, XVI, XVII, XVIII, XIX, XX

Ibn Ḥazm aẓ-Ẓāhirī XVII, XVIII

Ibn al-ʿImād XVI, XIX

Ibn Karrām s. Muḥammad

Ibn Muǧāhid XVI

Ibn Sabʿīn XVII, XVIII

Ibn Ṣalāḥ XVII

Ibn Simǧur s. Muḥammad

Ibrāhīm 33

ʿIkrima 22

ʿIsà (?) ibn Muḥammad al-Kurdī XXII

al-Isfarāʾīnī XVI

Maḥmūd von Ġazna XVII, XVIII

Maḫlūb b. ʿUṯmān al-Lawānī XX

Abū Bakr Muḥammad b.-Ḥ. ibn Fūrak al-Ansārī al-Iṣbahānī V, XI-XIX, XXI, 3, 10, 33

Abū ʿAbdallāh M. b. Karrām XV, XVII

Abū ʿAbdallāh Muḥammad ibn Šuǧāʿ aṯ-Ṯalǧī XI, 1:
Muḥibb ad-Dīn Efendi 28
an-Nadīm XI
an-Naǧǧār 25
Naṣr b. Sayyār XVI
an-Nuʿmān b. Bašīr 26
al-Qušairī V, XVII, XVIII, XIX
al-Qutaibī (= Ibn Qutaiba) s. ʿAbdallāh
ar-Rāzī XVI
aš-Šahrastānī XV, XVI, XVII, 5
Sālim b. Aḥwaz al-Māzinī XVI, 5
Šaqīq 33
Simāk b. Ḥarb 28
Abū l-Walīd Sulaimān ibn Ḫalaf al-Bāǧī XVII
Šuraiḥ 33
Suwaid b. abī Kāhil al-Yaškurī 26
Taǧ ad-dīn as-Subkī XVII
aṭ-Ṭaḥāwī XI
aṯ-Ṯalǧī s. Muḥammad
Umm Ḥubān 33
al-ʿUtbī XVIII

b) Moderne nicht-arabische Verfasser.

Andrae, T. XVI, XVIII
Barthold, W. XVI
Bräunlich, E. V
Brockelmann, C. XI
Cureton, W. 5
de Boer, Th. 16
Goldziher, F. 24
Juynboll, J. W. 24
Levi Della Vida, G. V, XI, XX
Macdonald, D. B. XV, XVII, 5, 29
Nöldeke, Th. 32
Pretzl, O. XV
Nyberg, H. S. XV, 25
Rieu, Ch. XXI, XIV
Ritter, H. V, XI, 5, 25
Schreiner, M. XVIII
Spies, O. 7
Strothmann, R. 5
Wensinck, J. A. 22
Wüstenfeld, F. XVI
Zambaur, E. von XVI

c) Geographische Namen.

Bagdād XVII
Ġazna XVII, XVIII
Ḥīra XIX
Ḫurāsān XVII
Ispahan XVII, 3
Jemen 34, 35
Konia 24
Merw XVI, 5
Nīšāpūr XVI, XVII, XVIII, XIX
Ray XVI
Šīrāz XIX
Tirmiḏ 5

d) Schulen und Sekten.

Ašʿarīya XVI, XVII
Ǧahmīya XVI, 3, 32
Ḫawāriǧ 5
Karrāmīya V, XV, XVII, 41
Muʿtazila XVI, XVII, 5
Rāfiḍa 5

e) Dynastien.

Banū Umayya 3
Bujiden XVII

فهرست الاحاديث

ص	س	ص	س	ص	س
١٢	١٥	٢٢	١٤	٣٢	٣، ٣، ٤، ٥، ٧
١٣	٧	٢٣	١٧، ١٧	٣٣	٤
٢٣	٦، ٦، ٦، ٩، ١٠، ١٧	٢٥	٤، ٥	٣٤	٢، ٣، ٤، ١١
٢٥	٣، ٤، ٤	٢٩	٣، ٦	٣٦	١٠، ١٤
٢٦	٢				

فهرست الاشعار

٢٧، ٩ (طويل)   ٢٩، ١٣ (طويل)   ٣٣، ٦ (وافر)   ٣٣، ١٦ (رجز)   ٣٥، ٥ (طويل)

ص ٣١ س ١ الخوف خطأ والخوف صواب

12. *Miscellanea Orientalia dedicata* Antonio Deimel *annos* lxx *complenti*. 350 pp. (1935) . . . . L. it. 280 —

13. N. Schneider, *Die Zeitbestimmungen der Wirtschaftsurkunden von Ur III*. 120 S. (1936) . . . . » 65 —

14. Fr. Rosenthal, G. von Grünebaum, W. J. Fischel, *Studia arabica I*. viii–82 S. (1937) . . . . » 70 —

15. Maurus Witzel, *Auswahl sumerischer Dichtungen I*. viii–117 S. (1938) » 96 —

16. U. Monneret de Villard, *Aksum. Ricerche di topografia generale*. x–138 pp., 3 tav. (1938). . . . . » 94 —

17. A. M. Blackman, E. Otto, J. Vandier, A. de Buck, *Studia Aegyptiaca I* viii–57 S. (1938) . . . . » 72 —

18. E. Douglas Van Buren, *The Fauna of Ancient Mesopotamia as Represented in Art*. xii-116 pp., 23 plates (108 figs.). (1939) . . » 130 —

19. N. Schneider, *Die Götternamen von Ur III* (= Ur III-Lexikon. Teil I) xvi-120 S. (1939) . . . . » 162 —

20. C. H. Gordon, *Ugaritic Grammar*. viii-130 pp. (1940) . . . . . » 140 —

21. E. Douglas Van Buren, *The Cylinder Seals of the Pontifical Biblical Institute*. xii-51 pp., 12 pls. (110 figs.). (1940) . . . . » 88 —

Subskribenten der ganzen Serie erhalten 10% Ermässigung.

Zu beziehen durch: Pontificio Istituto Biblico (Amministrazione Pubblicazioni) Roma 2/4. Piazza Pilotta 35.

ANALECTA ORIENTALIA

COMMENTATIONES SCIENTIFICAE DE REBUS ORIENTIS ANTIQUI

EDITAE CURA PONTIFICII INSTITUTI BIBLICI

(In-4°)

---

1. N. Schneider, *Die Drehem- und Djoḫa-Urkunden der Strassburger Universitäts- und Landesbibliothek,* in Autographie und mit systematischen Wörterverzeichnissen. 92 S., 112 Taf. (1931). . . . . L. it. 80 —

2. A. Deimel, *Šumerische Tempelwirtschaft zur Zeit Urukaginas und seiner Vorgänger.* Abschluss der Einzelstudien und Zusammenfassung der Hauptresultate. 112 S. (1931) . . . . » 60 —

3. J. Markwart, *A Catalogue of the Provincial Capitals of Ērānshahr* (Pahlavi Text, Version and Commentary) edited by G. Messina. 120 pp. (1931). . . . . » 50 —

4. Maurus Witzel, *Texte zum Studium sumerischer Tempel und Kultstätten.* 98 S. (1932) . . . . » 50 —

5. Émile Suys, *Etude sur le Conte du fellah plaideur*, récit égyptien du Moyen-Empire. xxviii-218-32* pp. (1933) . . . . » 95 —

6 *Keilschriftliche Miscellanea.* 72 S., 8 Taf. (1933) . . . . . . » 45 —

7. N. Schneider, *Die Drehem- und Djoḫa-Texte im Kloster Montserrat (Barcelona),* in Autographie und mit systematischen Wörterverzeichnissen. 88 S., 110 Taf. (1932) . . . . » 80 —

8. A. Pohl, *Neubabylonische Rechtsurkunden aus den Berliner Staatlichen Museen.* I. Teil. 40 S., 85 Taf. (1933). . . . . » 60 —

9. A. Pohl, *Neubabylonische Rechtsurkunden aus den Berliner Staatlichen Museen.* II. Teil. 34 S., 59 Taf. (1934). . . . . . . » 50 —

10. Maurus Witzel, *Tammuz-Liturgien und Verwandtes.* xxi-472 S. (1935) » 290 —

11. Émile Suys, *La Sagesse d'Ani.* Texte, traduction et commentaire. xxii-128 pp. (1935). . . . . » 35 —

نخبة من كتاب بيان

مشكل الأحاديث

تصنيف الأستاذ الامام

ابى بكر محمد بن الحسن بن فورك الانصارى

رضى الله عنه

◆

باعتناء

رايمند كوبرت

◆

روما ــ ١٩٤١

فهرست النخبة

	صفحة
بيان الاشارات	٥
اختلاف اوائل المخطوطات	٧
بسملة	٨
فصل ١	٩
فصل ٢	١٢
فصل ٣	١٣
فصل ٤	١٤
فصل ٥	١٥
فصل ٦	١٥
فصل ٧	١٧
فصل ٨	٢١
فصل ٩	٢٢
فصل ١٠	٢٤
[ذكر] خبر اخر (فى ان الله ليس فى كل مكان)	٢٦
ذكر خبر اخر (فى فرح الله)	٢٩
ذكر خبر اخر (فى عجب الله)	٣٢
ذكر خبر اخر (فى نفس الله)	٣٤

صفحة

ذكر خبر اخر (فى نفخ الله) ٣٦
فصل اخر (على من قال إنّ هذه الاخبار ممّا لا يجب الاشتغال بتأويلها) ٣٨
فهرست لغات واصطلاحات ٤٣
فهرست أسماء الرجال ٤٥
فهرست ايات القران ٤٧
فهرست الاحاديث ٤٩
فهرست الاشعار ٤٩

بيان ما استعملنا فى هذا الكتاب من الاشارات

ب   يعنى المخطوطة المحفوظة فى مكتبة المتحف البريطانىّ فى مدينة لندن ورقمها ٣١٠٧ من المخطوطات الشرقيّة.

ف   يعنى المخطوطة المحفوظة فى المكتبة الرسوليّة فى الفاتيقان (روما) ورقمها ١٤٠٦ من المخطوطات العربيّة.

ل   يعنى المخطوطة المحفوظة فى مكتبة الجامعة فى مدينة ليبزغ ورقمها ٣١٦ من المخطوطات الشرقيّة.

ن   يعنى المخطوطة المحفوظة فى مكتبة وقف وارنر فى مدينة ليدن ورقمها ٩٧٨ من المخطوطات الشرقيّة.

*   يعنى انّ قراءة المخطوطة ل لم تطبع فى نصّ الكتاب المطبوع بل فى الحاشية.

(ذلك) ص ن   يعنى ان ذلك نقص فى المخطوطة ن.

(معنى انه) ز ل به   يعنى ان على معنى انه زاد فى المخطوطة ل به.

(وان) ف فان   يعنى ان فى المخطوطة ف فان بدلا عن وان.

(تقديرا وتدبيرا) غ ب   يعنى انّ ترتيب الألفاظ غير ترتيبها فى المخطوطة ب فيكتب هناك تدبيرا وتقديرا.

اختلاف اوائل المخطوطات

اول المخطوطة المحفوظة فى مكتبة الجامعة فى مدينة ليبزغ

الجزء الاول والثانى والثالث والرابع والخامس والسادس من مشكل غريب حديث رسول الله صلى الله عليه وسلم وهو مستخرج من البخارى وغيره مما شرحه الشيخ الجليل الامام ابو بكر محمد بن الحسن بن فورك الاشعرى الاصيل على مذاهب اهل السنة وجمهور الامة رضى الله عنه.

لمخلوب المؤدب بن عثمان المؤدب اللوانى نفعه الله به امين اللهم امين وفهمه العلم وجميع ما فيه ورحم دعا له.

... بن السيد مصطفى بن السيد محمد الحسنى.

دخل بفضل الله الملك القدير فى نوبة الفقير عبد الله داهر (؟) قاضيا بمكة المكرّمة المشرّفة. زيدت مرتابه (؟) وتعظيماً.

(١) يملكه الفقير احمد قاضيا بعسكر انطولى عفا الله عنه.

(٢) قال الحافظ الامام ابو بكر محمد بن عبد الله ابن العربى المعافرى فى كتابه المسمى بقانون ولابن فورك كتاب فى مشكل القران لم يؤلف مثله.

(٣) اهديته الى المخدوم الفاضل الشاهر بابن كوچك چلبى نفع الله به وبامثاله وعمره الله عمرا طويلا.

(٤) من مواهب حضرة..... الاعالى والافاضل مستجمع اسباب المعالى والفضائل؟ الصدر الاجل والحبر المنعام المتجلّ (!) الشهير بحفيد العلامة ابن المنقارى دام... (؟) فى حفظ البارئ الى عبده الداعى لدولته بالخلود والزيادة. الفقير الحقير اسمعيل المدعو بكوچك چلبى رافة كان الله له.

(٥) مثنوىء مولوى علم دين فقه است وتفسير وحديث هر كه خواند غير از نن كرد خبيث.

اول المخطوطة المحفوظة فى مكتبة وقف وارنر فى مدينة ليدن

كتاب فيه تكلم الاحاديث المشهورة التى ظاهرها التشبيه تصنيف الشيخ الامام محمد بن الحسن بن فورك الاصبهانى رحمه الله تعالى ورضى عنه الخ.

اول المخطوطة المحفوظة فى مكتبة المتحف البريطانىّ فى مدينة لندن

كتاب بيان مشكل الحديث والرد على الملحدة والمعطلة والمبتدعة من الجهمية والجسمية والمعتزلة فيما اعترضوا به على اصحاب الحديث والاخبار فى صفات الله عز وجل ونفى التشبيه على خلاف اوهامهم وكشف وجوهها ومعانيها وابانة صحة ذلك من غير ان يقتضى وجها من التشبيه املاء الشيخ الامام الجليل ناصر السنة ابى بكر محمد بن الحسن بن فورك الاصبهانى قدس الله رفعه ونور ضريحه امين قال الخ

اول المخطوطة المحفوظة فى الفاتيقان (روما) ورقمها ١٤٠٦

كتاب الاملاء فى الايضاح والكشف عن وجوه الاحاديث الواردة فى الصفات وبيان معانيها وابطال مذاهب الملحدة والمبتدعة من الجهمية والمجسمة والمعتزلة مما اعترضوا به على اهل السنة والجماعة من اصحاب الحديث فى رواية احاديث فى الصفات يتوهمون فيها التشبيه وابانة صحة ذلك غير تشبيه للاستاذ الامام ابى بكر محمد بن الحسن بن فورك الاصبهانى رضى الله عنه وارضاه امين يا رب العالمين.

صار من كتب عيسى ابن محمد الكردى فى سنة احد وتسعين وثمانمائة...

***

Leipz 1 r 1
Leid 1 r 1
Lond 2 v 7
Vat 1 r 1

بسملة*

Leipz 1 r

بسم الله الرحمن الرحيم صلّى الله على نبيّه محمد وآله وسلم. حدّثنا ابو محمد عبد الملك بن الحسن الصعلى قال حدّثنا ابو بكر محمد بن الحسن بن فورك الاشعرى الاصبهانى قال.

(١) الحمد لله المتفضّل بنعمته المتطوّل بأياديه ومنّته الذى خصّ من شاء بهدايته من غير حاجة ومنعها من شاء من غير نقص ولا آفة. أوجد المخلوقات بقدرته وأتقنها بعلمه ودبّرها على حسب إرادته ومشيئته. دلّت بدائعه على حكمته وشهدت صنائعه بعزّته وعظمته فكل مفطور شاهد بوحدانيته وكل مخلوق دالّ

---

١٣ (بسملة) نقص فى النسخ ١٤ (صلّى الله على نبيّه محمد وآله وسلم حدثنا ابو محمد عبد الملك بن الحسن الصعلى قال حدثنا ابو بكر محمد بن الحسن بن فورك الاشعرى الاصبهانى قال) ف رب يسر واعن٦ ب يسر واعن٦ ن الحمد لله رب يسّر ١٦ (بنعمته) ن٦ ف بنعمه ١٨ (فكل) ن وكل

على إلهيته وربوبيته. متوحّد بصفات العلو والتعظيم فى ازله منفرد بأسمائه الحسنى فى قدمه مقدّس عن الحاجات مبرأ عن العاهات منزّه عن وجوه النقص والآفات معتالٍ أن يوصف بالجوارح والآلات أو الأدوات والسكون والحركات والدواعى والخطرات. بل هو الغنى عن جميع من فى الارضين والسموات. لاتليق به الحدود والنهايات ولا تجوز عليه الأكوان والمماسّات ولا تجرى عليه الأزمان والأوقات ولا تلحقه النقائص ولا الزيادات. موجود بلا حدّ موصوف بلا كيف مذكور بلا أين معبود بلا شبه لا تتصوّره الأوهام ولا تقدّره الأفهام ولا تحيط بكنه عظمته الدلائل والأعلام. خلق ما خلق أنواعا متفرّقة وأجناسا متّفقة. فدلّ بها أُولِي الألباب على أنّه خارج عن كل نوع وجنس بعيد عن مشابهة كل ذى شكل وشكل.

(٢) نحمده على نعمه عوداً وبدأً. ونشكره على فواضله اوّلاً واخراً نستعصمه من الخطاء والزلل ونستوفقه * لإرشاد القول والعمل ونستعينه على إتمام ما ابتدأ به من فضله ورحمته. ونشهد له بالتوحيد والتفرّد بإنشاء المخترعات على اختلافها نفعاً وضرًّا وعطاءً ومنعاً وخيراً وشرًّا. وأنّ جميع ذلك العدل من قضائه || والقسط من تدبيره وتقديره ونشهد أنّ محمدا عبده ورسوله وصفوته وخيرته صلى الله عليه وسلم أرسله بالحق الى الخلق بشيراً نذيراً صادقاً آميناً فقطع به العذر وأكمل به الحجّة وختم به الرسالة صلى الله عليه خاصّةً وعلى المرسلين والنبيّين والملائكة والمقرّبين وعلى جميع المطيعين له عامّةً وسلم كثيراً.

Leipz 2 v

Leipz 2 v 5
Leid 2 v 2
Lond 3 v 6
Vat 2 v 11

فصل ١ *

(٣) اما بعد فقد وقفت اسعدكم الله بمطلوبكم ووفّقنا لإتمام ما ابتدأنا به على تحرّى النصح والصواب من حاجتكم الى إملاء كتاب نذكر فيه ما اشتهر من الاحاديث المروية عن رسول الله صلى الله عليه وسلم مما يوهّم ظواهرها التشبيه مما تسلق بها الملحدون على الطعن فى الدين. وخصّوا بتقبيح ذلك

---

١ (منفرد) ن متفرد ٢ (مبرأ) ف مبرو (معتالٍ) ب فتعالى عن، زف عن (أو الأدوات) ب، ف، ن والادوات ٣ (الارضين) ب، ف، ن الارض ٤ (الأكوان) ن الالوان، ف يكتب فى الحاشية انه يريد بالاكوان الاجتماع والافتراق والحركة والسكون (تجرى) ف يجرى (تلحقه) ن نلحقه (ولا) ص ب (الزيادات) ف الزايدات ٥ (شبه) ف شبهه ٦ (بها أُولِي الألباب) ب بهولا الايات، ن بهذه الايات (عن) ب من ٧ (كل) ص ب، ن (وشكل) ص ب، ن، ف يكتب فى الحاشية ان الشكل بالفتح المثل وبالكسر الدل يقال امرة ذات شكل ٩ (لإرشاد) ب، ل لارشد (والعمل) ن وفى العمل (ابتدأ) ن ابتدى ١٠ (وأنّ) ب، ن فان ١١ (تدبيره وتقديره) غ ب، ف، ن (ونشهد) ن واشهد (صلى الله عليه وسلم) ص ب، ف، ن ١٢ (نذيرًا) ص ن (به - ٢، ٣ -) ص ب، ف، ن (عليه) زب، ن وسلم (صلى... وسلم) يكتب مرتين فى ن ١٣ (المرسلين والنبيين) غ ب، ف، ن (كثيرًا) ف، ن تسليما ١٤ (فصل) ص ل، ن الرقم ليس فى النسخ ١٥ (النصح) ن النطق ١٦ (رسول الله) ف الرسول ١٧ (وسلم) ز ف وعلى اله (ظواهرها) ب، ف، ن ظاهرها (بها) ب، ف، ن به (الدين) ب الاحاديث (بتقبيح) ف تقبيح (ذلك) ف دلك

الطائفة التى هى الظاهرة بالحقّ لساناً وبيانا وقهرا وعلوا وامكانا الطاهرة عقائدها من شوائب الأباطيل وشوائن البدع والاهواء الفاسدة. وهى المعروفة بأنّها أصحاب الحديث وهم فرقتان: فرقة منها هى أهل النقل والرواية الذين تشتدّ عنايتُهم بنقل السنن وتتوفّرُ دواعيهم على تحصيل طرقها وحصر أسانيدها والتميز بين صحيحها وسقيمها. فيغلب ذلك عليهم ويعرفون به وينسبون إليه وفرقة منهم يغلب عليهم تحقيق طرق النظر والمقاييس والإبانة عن ترتيب الفروع على الأصول ونفى شبه الملبّسين عنها وإيضاح وجوه الحجج والبراهين على حقائقها. فالفرقة الأولى للدين كالخزنة للملك. والفرقة الأخرى كالبطارقة التى تذبّ عن خزائن الملك المعترضين عليها ومتعرّضين لها.

(٤) وذكرتم ان اهل البدع من اصحاب الاهواء الفاسدة العادلة عن منهاج الكتاب والسنة نحو الجهمية والمعتزلة والخوارج والرافضة والجسمية ومَن ناصب هذه الفرقة بالعداوة من سائر اهل الاهواء الباطلة يقصد دائماً تهجين هذه العصابة بنقل امثال هذه الاخبار ويروم بذلك التلبيس على الضعفاء لتوهّمهم أنّها تنقل ما لا يليق بالتوحيد || ولا يصحّ فى الدين. وتظنّ انّ هذه الفرقة احتملت ذلك لاعتقادها حقائق معانى هذه Leipz 2r
الالفاظ على حسب المعهود من احوال الخلق والمعروف من صفاتهم وجوارحهم وادواتهم واشتغلت بذلك وهى ذاهبة عن معانيها غافلة عن المقاصد فيها فرمَتْها بكفر التشبيه وبغفلة اهل الالحاد والتعطيل جاهلة بأنّها نقلت ما وعت عن رسولها وروت ما سمعت عن العدول عنه صلى الله عليه وسلم وقد اعتقدت اصول الدين وحقائق التوحيد بدلائل العقول والسمع فروت ذلك على موافقة اصولها ومعاضدة ما شهدت البراهين بصحّتها. وانما حمل هؤلاء المبتدعة على هذا التهجين والإنكار على هذه الطائفة بنقل ما نقلت من ذلك ما حملت الملحدة المعطلة على إنكار كتاب الله عز وجل اعتراضاً منهم عليه بذكر بعض ما ذهبت عن معرفة معانيها وحقائقها من ابانة المتشابهة.

(٥) وذلك أنّ آى الكتاب قسمان: فقسم هو محكم تأويله وتنزيله يفهم المراد منه بظاهره وذاته وقسم لا يوقف على معناه إلّا بالردّ الى المحكم وانتزاع وجه تأويله منه. فكذلك اخبار الرسول صلى الله عليه وسلم

---

١ (وعلوا) ب غلوا (وامكانا) ف٦ ن مكانا٦ ب وامتحانا ٢ (والاهواء) ف والاهوال ٣ (الذين) ن التى (دواعيهم) ف دعاويهم وفى الحاشية ان دواعيهم صح (على) ف الى (والتميز) ب والتمييز ٤ (ذلك عليهم) غ ب٦ ف٦ ن ٥ (طرق) ص ف وفى الحاشية انه طرق صح (والمقاييس) ن والتقا (ونفى) ن وتقى ٦ (الاولى) ل الاولا (للدين) ب للذين (كالخزنة) ن كالخزانة ٧ (ومتعرّضين لها) ص ن ٨ (منهاج) ب٦ ف٦ ن مناهج ٩ (والرافضية) ن والروافض ١٠ (ويروم) ف٦ ن وتروم (التلبيس) ف التلبس ١١ (وتظنّ) ب٦ ن ويظن ١٣ (ذاهبة) ب٦ ن ذاهلة (بأنّها) ز ب٦ ف٦ ن انما ١٤ (رسولها) ز ب٦ ن صلى الله عليه وسلم (وقد) ف وقد وقد ١٥ (اصولها) ز ب٦ ن ومقاصدها ١٧ (حملت) ب٦ ف حمل (الملحدة) ص ف (المعطلة) ب٦ ن والمعطلة (عز وجل) ف٦ ن تعالى ١٨ (المتشابهة) ف المتشابه ١٩ (وتنزيله) ف تنزيله (وقسم) ز ب٦ن منه ٢٠ (فكذلك) ن وكذلك

جارية هذا المجرى ومنزلة هذا التنزيل فمنها الكلام البيّن المستقلّ فى بيانه بنفسه ومنها المفتقر فى بيانه الى غيره. وذلك على حسب عادة العرب فى خطابها وعُرْف اهل اللغة فى بيانها اذ لم يكن كل خطابها جليّا بيّنا مستغنيا عن بيان وتفسير ولا كله خفّيا مشكلا يحتاج الى بيان وتفسير من غيره. فإذا كانت دلائل الله عزّ وجلّ ما فطر عليها العقول منقسمة فكذلك دلائل السمع منقسمة. وكما لم يعترض ما خفى من دلالة العقل على ما تجلّى منها حتى تسقط دلائل العقول رأسا فكذلك ما خفى من دلائل || السمع (Leipz 3 v) لا يعترض على ما تجلّى منها. وانّما اراد الله عز وجل ان يرفع الذين أُوتُوا العلم بخصائص رفعة ودرجات فيها يتبيّن حالهم بها عن من لم ينعم عليه بمثلها. فاذا كانت دلائل العقول صحيحة مع تفاوتها فى الجلاء والخفاء عند اكثر الملحدة فكذلك دلائل كتاب الله عزّ وجلّ فيما دلّت عليه من الاحكام والاسماء والاوصاف ونعوت الخالق والخلق. فكذلك كون تنويع دلائل السمع الذى هو السنن متنوّعةً لا يبطلها جهل الجاهلين بمعانيها.

(٦) وهذه المقدّمة تكشف لك عن جهالة المبتدعة فى اعتراضهم اهل النقل من اصحابنا فى نقل امثال هذه الاخبار وتوضح لك أنّ *قوة هذه المقالة *تجرّ القائل به والقائد له الى إبطال الكتاب بمثل ما ابطل به السنة وأنه متى زُعِمَ أن الآى المتشابهة التى وردت فى الكتاب معانِيَ وطرقاً من جهة اللغة تنزّل عليها وتصحّح بها من حيث لا تؤدّى الى تشبيه ولا الى تعطيل فكذلك سبيل هذه الاخبار والتطرّق الى تنزيل معانيها وتصحيح وجوهها على الوجه الذى يخرج عن التشبيه والتعطيل كذلك.

(٧) فلم يبق إلّا ان هؤلاء المبتدعة إنّما تقصد بهذا التجهين الكشف عمّا تُسِرّه من العقائد الرديئة فى هذه الطائفة الطاهرة التى هى بالحقّ ظاهرة سبيل اعتراض الملحدة على جملة اهل الشريعة بمتشابه آى الكتاب اذ أُبِينَ لهم وجوهها وكُشِفَ لهم عن طريق صحّتها. فتأبّى إلّا التجهين والعيب لسوء اضمارها وعُقَدها لاهل الاسلام.

---

١ (ومنزلة) ز ب؟ ن على (فمنها) ف منها (فى) ص ن ٢ (غيره. وذلك) ف غير ذلك (فى بيانها) ن وبيانها ٣ (خطابها) ف؟ ن خطابهم ٤ (ما) ب؟ ن وما؟ ف على ما؟ مطموس على فى النسخة ل (عليها) ب؟ ن عليه (السمع) ز ب عليه (السمع ... -٥- على ما تجلى ... -٦- على ما تجلى) ن السمع لا يعترض على ما تجلى ٥ (تسقط) ف؟ ن سقط ٦ (منها) ص ف (وانما) ن فانما (عز وجل) ص ن؟ ف تعالى (ودرجات) ب؟ ن درجات ٧ (يتبين) ف بين (عن من) ف عما ٨ (عز وجل) ف؟ ن تعالى ٩ (كون تنويع) ب؟ ن نوع؟ ف كون ١١ (المبتدعة) ب؟ ن المبتدعين (اعتراضهم) ز ف؟ ن على ١٢ (وتوضح) ب وتوضح (قوة) ل قوة؟ ف قول (تجر) ل تحرّك (والقائد له) ف والقائل له (الكتاب) ص ن ١٣ (معانِيَ) ف معانيها ١٤ (تؤدى) ف يودي ١٦ (تُسِرّه) ب؟ ن تستره؟ ف تنشره ١٧ (اهل) ص ف ١٨ (طريق) ب؟ ف طرق (فتأبّى) ف فتأب ١٩ (وعُقَدها) ف وعندها

Leipz 3 v 20
Leid 2 v 23
Lond 5 v 3
Vat 3 r 19

فصل ٢

(٨) فإذ قد بان لك الوجه الذى تُنزل عليه هذه الاخبار ويُدْفع بها اعتراض الزارى من المخالفين على اهل الآثار. فلنكشف لك الآن عمّا ذهب اليه بعض السلف من المشائخ رحمهم الله فى هذا الباب حيث زُعِمَ || انّ (Leipz 3 r) ما جرى هذا المجرى من هذه الاخبار إنّما تنقّل على التسليم لألفاظها والإتباع والتقليد دون البحث عن معانيها والكشف عن وجوهها كنحو ما روى عن الأَوْزاعىّ رحمه الله فى ذلك وعن غيره على نحو معناه أنّه قال فى هذه الاخبار أَمِرُّوها كما جاءت والبيان عن وجه اقاويل هؤلاء من المشائخ رحمهم الله. وإنّ ما قصدناه من ذلك لا يخالف ما ذهبوا اليه. فنقول ان ما سلكه هؤلاء المشائخ من هذه الطريقة فى امثال هذه الاخبار محمول منهم على أنّهم منعوا من تأويلها من لا يهتدى الى توجيهها وتعريف معانيها وطرقها لئلّا يسبق الى احد الخَطَأَيْن إمّا اعتقاد تشبيه ووصف الرب سبحانه بما لا يليق به او إبطال الخبر رأساً اذا تعذّر عليه تخريجه. وتبيين ذلك أنّ الله عزّ وجلّ لمّا ذكر *قسمَى آى الكتاب محكمها ومتشابهها زجر بفحوى قوله والراسخون فى العلم يقولون آمنّا به　من لا يكون فى العلم راسخا أن لا يعترض لتأويل ما تشابه منها. وأُكِّدَ ذلك فى آخر الآية بقوله تعالى　وما يذّكّر الا أولو الألباب　أى ما يتذكّر معانى ما تشابه منها على الصحّة وطلب الحقّ فيها الّا اولو العقول والافهام والبصائر. ويدلّك على ذلك ما روى عن الاوزاعى رحمه الله *أنه سئل عن بعض هذه الاخبار فأجاب فيه بجواب مَن علم أنّه يفهم جوابه. وذلك أنّه سئل عن قوله صلى الله عليه وسلم　ينزل الله تبارك وتعالى فى كل ليلة الى سماء الدنيا　فقال يفعل الله ما يشاء. وهذا هو البحث عن معنى النزول. وقد كشف رحمه الله عن ذلك

---

٢ (فإذ) ب٦ ن واذ　(هذه) ص ن　(يُدْفع) ف تدفع　(بها) ف به　(الزارى) ن الزارِئ　٣ (لك) ص ب٦ ف٦ ن　(الله) ز ف تعالى　٥ (الله) ز ب عليه　(وعن) ف وفى　٦ (أَمِرُّوها) ب مروها　(عن) ن على　(من - ١ -) ص ب٦ ف٦ ن　(رحمهم الله) ص ن　(وإنّ ما) ف وانما　٧ (لا يخالف) ف الا لخلاف٦ وفى الحاشية يكتب انه صح لخالف　(ذهبوا) ز ف به　(ان ما) ف انما　(سلكه) ب٦ ف٦ ن سلك　٨ (من - ١ -) ب٦ ن عن　٩ (الخَطَأَيْن) ب٦ ف الخطابين٦ ل الخطا(؟) ولكن فى الحاشية الخطاين　(او ابطال) ب وابطال　١٠ (تبيين) ب نبين　(ان) ز ب٦ ن شا　(عز وجل) ف٦ ن تعالى　(لمّا) ن اما　(قسمى آى) ب قَسْمِى اى٦ ل قسما اىَ　(محكمها) ب٦ ن محكماً　(متشابهها) ص ن٦ ب متشابها　(زجر) ف وجد　(بفحوى) ب بفحوى　(قوله) ز ب٦ ف تعالى　١١ (فى العلم - ٢ -) ص ب٦ ن　(ان لا) كتب كاتب اخر هذين اللفظين٦ ب٦ ف٦ ن ان　(يعترض) ف تعرض　١٢ (بقوله) ب يقول　(تعالى) ص ف　(أولو) يكتب فى النسخ كلها اولوا بالف الوقاية وكذلك فى كل فرصة　١٣ (فيها) ف منها　(أولو) ز ب٦ ن الالباب اى　١٤ (رحمه الله) ص ن　(انه - ١ - ..... ١٥ وذلك) ص ل　(فيه بجواب) ب٦ ن جواب　١٥ (قوله) ف قول النبى　(صلى الله عليه وسلم) ن عليه الصلاة والسلام

باوضح معنى واخبر أنّ ذلك فعل من الافعال يظهر منه بقدرته لا يقتضى له تغييرا ولا تحويلا كنحو سائر ما يظهر من افعاله. ولقد وُفّق رحمه الله فى تأويل ذلك وإنّ أهل النظر والتحقيق بعده قد تصدّوا لتأويل هذا الخبر الى الآن فما زادوا على ما قال. فكشف لك || ذلك أنّ سبيلهم فى الأمر بإمرار الاخبار على ما جاءت إنّما جرى على طريق الردع لمَن ليس بأهل النظر عن الخوض فى تأويلها مع اعترافهم بصحّتها. Leipz 4 v

Leipz 4 v 3
Leid 3 v 17
Lond 5 r 14
Vat 4 r 11

فصل ٣

(٩) وَيُزَيِّدُكَ إيضاحا ايضا لِما قلنا ان أكبر وجه من وجوه طعن المبتدعة على اهل النقل من اصحابنا فى رواية ذلك قولهم إنكم تنقلون ما لا تدرون وتروون ما لا تفهمون وعن الكشف عن معناه تمنعون وانّما تكلم به النبى صلى الله عليه وسلم إن صحّ لاعتقاد فائدة وإفادة عائدة ومعنى زائد. فإن لم يكن فى روايتها إلّا التلفّظ بها من غير أن يعقل معناها اوجب أن لا يضاف الى الرسول صلى الله عليه وسلم ما هو عنه برىء من العيث فى التلفّظ بما لا يفيد ونقل القوم ما لا يُفهَم. وهذا كما طعنت الملحدة على متشابه القرآن على من قال من أهل التأويل خاصّةً أنّ فيه ما لا يعلم تأويله الا الله وابتداءٍ من قوله والراسخون فى العلم وجعلَه واو استيناف لا واو عطف مع أن تلاوة القرآن عبادة وسنّة وفضيلة لمن يعرف معناها ولمن لا يعرفها. فأمّا الاخبار والسنن فانّما نقلت لمعانيها وفوائدها لا لألفاظها فقط. فقلنا فى الجواب عمّن سلف وخلف من هذه الطائفة إنّ ما قصدتم به الطعن على هولاءٓ النَقَلَة بذلك فليس بطعن بل كلّ ما صحّ من ذلك فله معنى صحيح وفائدة معقولة منزّلة على حكم اللغة مقدّرة على المتعارف بين أهلها فى مثلها. وسبيل هذه الاخبار ومتشابه القرآن سبيل واحدة فى هذا الباب إلّا من حيث ألفاظ التلاوة مقطوع بها ومعانيها مستنبطة* والفاظ هذه الاخبار مقبولة على الطرق التى وردت عليها وعلى الوجوه التى نرتبها. ونذكر أقسامها ووجوهها وإذا كان كذلك وكان طعن الطاعنين من المخالفين بذلك ساقطا لم يبق الا أن نكشف || عن وجوهها ومعانيها ليعلم الغرض فى نقلها وتحصيل الفائدة لواعيها بسماعها. Leipz 4 r

---

١ (الافعال) ب٦ ن افعال الله تعالى (تغييرا) ب تعبيرا٦ ف تغيرا ٢ (من) ز ف ساير (وإنّ) ف فان٦ ب٦ ن لان (تصدوا) ب قصدوا (اكبر) ف اكثر٦ تغير اكثر الى اكبر فى النسخ ل٦ ب (المبتدعة) ب المشدعه (!) ٨ (وسلم) ص ف (عائدة) ف فايدة ٩ (معناها) ب٦ ف٦ ن معنى (اوجب) ف وجب (لا) ص ب٦ ن (وسلم) ص ف ١٠ (العيث) ب٦ ف٦ ن العيب (على) ب٦ ف٦ ن فى ١٢ (العلم) ز ف يقولون امنا به (تلاوة) ف ثلاوة (القران) ب٦ ف٦ ن الكتاب (عبادة) ز ب٦ ف٦ ن وطاعة ١٣ (فانّما) ب فانها ١٤ (به) ز ب٦ ف٦ ن من ١٦ (واحدة) ب٦ ف٦ ن واحد (حيث) ز ب٦ ف٦ ن ان ١٧ (مستنبطة) لعلّى فى ل مستلنطة٦ ب مستبطه (الطرق) ب الطريق ١٨ (وكان) ف فكان (لم) ف فلم ١٩ (نكشف) ب يكشف (ومعانيها) ف او معانيها (بسماعها) ف لسماعها

Leipz 4 r 2
Leid 3 r 8
Lond 6 r 8
Vat 5 v 15

فصل ٤

(١٠) ويزيّدك بيانا وايضاحاً: وإنّ لا بدّ أن يحمل على ما ذكرنا أنّ الذاهب الى القول بقبول ما صحّ منها إن كفّ لسانه عن الخوض فى طلب معانيها فكيف يمكنه أن يكفّ قلبه عن اعتقاد شىء فيها او الشكّ والوقف فى جملة معانيها. وكيف يكون الشكّ أَوْلَى من العلم والوقف عن النظر احقّ من طلب النظر ليفهم معنى ما يُروَى للتفهّم والفهم. وجملة هذا القول يوجب ايقاف السامع لذلك القائل له عن طلب الفوائد والبحث والوقوف مع الظنّ او الجهل فيما طريق العلم به ممكن واستخراج معناه متيسّر مع أنّه يجب على هذا القائل أن يقف ايضا فى متشابه القرآن ويحظر النظر فى ذلك. وهذا يقوده الى الإنكار على الصحابة والتابعين لأجل أنّهم قد بحثوا عن تلك الطرق وحثّوا على ذلك. ولذلك امر الله عزّ وجلّ بتدبّر آياته والتفكّر فى تِبْيانه لمّا عرضهم باستعماله للدرجات وانواع الكرامات. واعلم أنّ المذموم من ذلك أن يسبق اعتقاد قلبك فى معانى امثال هذه الاخبار الى ما يقتضى التشبيه ووصف الله عزّ وجلّ بما لا يليق به من الجوارح والحركات والادوات. والذى يليه فى الذمّ الوقفُ عن ذلك وعن طلب الحقّ فيها توهّما لتعذّر الوقوف على الحقّ فيها استعمالا للعجز وتوطينا للنفس على تقصير فى طلب الحقّ الذى فى مرضات الربّ عزّ وجلّ واستغنام الفوائد من كلامه عزّ ذكره وكلام رسوله صلى الله عليه وسلم. وردًّ ظنون المخالفين واوهامهم الفاسدة بما طعنوا على أهل الحقّ بمثلها إظهاراً لحجّة الله عليهم وإبانة لنُصرة الحقّ بالكشف عن دلائله وما جمع هذه الفوائد فلا وجه للتوقّف دونها. وترك النظر فيها على الوجه الذى يُنزِّل الخطاب || عليه من حيث لا يُؤدِّى الى دفع الخبر ولا الى استبهام معناه من حيث لا يوقف عليه ولا الى تشبيهه للخالق تعالى بالخلق.

Leipz 5 v

---

٢ (ويزّيدك) ف، ن ونزيدك (يحمل) ب تحمل ٣ (كفّ) ب، ن يكف (فيها) ب، ن منها (او الشكّ) ب والشك (والوقف) ب، ن والتوقف ٤ (وكيف) ب، ف، ن فكيف (اولى) ب اولا (عن النظر) ص ن (طلب) ص ف (ليفهم) ب، ن لتفهم ٥ (يوجب) فى حاشية ل، ص ب، ف، ن (له عن) ف ليجر ٦ (او الجهل) ف والجهل (مع) ب، ن ومع ٧ (الصحابة) ز ب رضى الله عنهم ٨ (ولذلك) ب، ف، ن وبذلك (عزّ وجلّ) ب، ف، ن تعالى (بتدبّر) ن بتدبير (والتفكر) ب والتفكير ٩ (تبيانه) ب، ف، ن بيناته ١٠ (عزّ وجلّ) ن تعالى ١١ (يليه) ب عليه، ن قلبه (الوقفُ) ب، ن الوقوف ١٢ (فى - ٢ -) ب، ن فيه (عزّ وجلّ) ن تعالى ١٣ (رسوله) ب رسول الله (وسلم) ف وعلى اله ١٤ (الله) ب لله ١٥ (يُنزِّل) ف نزل ١٦ (الى - ١ -) ص ن (تشبيهه) ف، ن التشبيه (تعالى) ص ف

Leipz 5 v 2
Leid 3 r 24
Lond 7 r 1
Vat 5 r 26

فصل ٥

(١١) ثم إنّى لمّا اجبتكم الى مطلوبكم من ذلك أخطرتُ ببالى ما سبقَنا اليه فى ذلك المشائخ من الكتب الموضوعة فى مثل هذا المعنى للموافق والمخالف نحو كتاب محمد ابن شجاع *الثلجى فى ذلك وكتاب عبد الله بن مُسْلم القُتَيْبِىّ وما عمله اخيرا ابو الحسن بن مهدى. فوجدت كلّ واحد منهم قد ذكر من ذلك طرفا وممّا اجتهد فيه من استنباط بعض معانيه نَبْذًا. ولم يكن جميع ما ذكروه عندى مستوعبا لجميع ما يمكن أن يذكر فيه بل قد وجدنا اخبارا اكثر ممّا ذكروها ممّا يجب تأويله والبحث عن معانيها وتخريجها على الوجه الصحيح. فعزمنا على إضافتها الى ما ذكروه وفيما ذكروه ممّا تأوّلوه وخرّجوا له وجوها نذكر فيها زوائد اخرجناها على تلك الطريقة لئلّا يكون كتابنا نقلا ونسخا فيعيبه الزارى عليه بأنّ فلانا قد ذكره وقد صنّف فى ذلك لنجمع لك فى كتابنا ما ذكروه بزوائد معانينا فيها وزوائد معانى ما لم *يذكروه منها والدلالة فى تضاعيف ما يجرى من ذلك على ما لا يصحّ ممّا ذكره الثلجى والقتيبى من ذلك على الاصول التى هى جوامع التوحيد والسنة. وسنقرّب ذلك بأوجز عبارة وأكْشف دلالةٍ على السبيل الذى رتبناه.

Leipz 5 v 18
Leid 4 v 8
Lond 7 r 16
Vat 6 v 15

فصل ٦

(١٢) فى بيان ما يجب أن يوقف عليه من اصول هذا الباب إن شاء الله. اعلم أنّ الذى يجب أن يوقف عليه من قوائد الكلام فى هذا الباب وما يُبْنَى عليه من الاصول التى يسند الكلام فيه اليها حتى يجرى عليها ما يذكر فى هذا الباب من معانى هذه الاخبار والإشارة الى طرق تخريجها اشياء منها أنه يجب أن تعلم أنّ الله عزّ وجلّ

---

٢ (إنّى) ف الان (سبقَنا) ب، ن سبقنى (فى) ب، ف، ن من ٣ (مثل) ص ب، ن (ابن) ب بن (الثلجى) ف، ن البلخى، ل البلحى ٤ (القتيبى) ن القتبى ٥ (ذكروه) ف ذكر (مستوعبا) ب مستوعيا ٦ (مما يجب ... ٧ وفيما ذكروه) ص ف (تأويله) ب، ف، ن تاويلها (وتخريجها) ن تخريجها ٧ (فيها) ف فيه ٨ (اخرجناها) ف خرجناها (كتابنا) ب، ن كتابا (الزارى) ن الزارئ ٩ (لنجمع) ب، ف ليجتمع (معانينا فيها) ب معنابيناً فيها، ن معان تنافمها، ف معانيها (يذكروه) ل نذكروه وفى الحاشية ان هو تذكروه ١٠ (يجرى) ف جرى (ممّا) ب ما (الثلجى) ف، ن البلخى، ل البلحى (والقتيبى) ن او القتبى، ف او القتيبى ١١ (دلالةٍ) ف دلائل (رتبناه) ز ب، ف، ن واومانا اليه ان شا الله تعالى ١٣ (ان شاء الله) ص ب، ف، ن ١٤ (يُبْنَى) ف يبنا (يسند) ف استند، ب، ن يستند (فيه) ف فيها (يجرى) ف جرى (يذكر) ف نذكره، ب، ن نذكر ١٥ (من) ف فى (طرق) ف طريق (تخريجها) ب تخرجها (تعلم) ب يعلم (عزّ وجلّ) ن تعالى

Leipz 5r شىء واحد لا يجوز عليه الانقسام || والتجزّى وأنّه ليس فى ذاته اشياء مجتمعة ولا مفترقة وأنّه لا يصحّ عليه مماسّة المخلوقات ولا مجاورة المحدثات. وثمرة المعرفة بذلك أن توقن أنّه مما لا يصحّ وصفه تعالى بالجوارح والابعاض والادوات والاعضاء والكون فى الاماكن على الحلول فيها والمجاورة لها. وأصل ذلك ايضا الكلام فى أنّه لا يصحّ أن يكون جسما ولا جوهرا ولا يجوز أن يكون محدودا متناهيا تعالى.

(١٣) ثمّ بعد ذلك يجب أن تقف على أنّ المنفى عن الله عزّ وجلّ من مشابهته للمخلوقات بكل وجه ليس هو أنّه لا يجوز أن يوصف *بما يوصف به المخلوق مما تتّفق فيه العبارات والتسميات ولا تفترق حقائقها ومعانيها *التى تجرى لها مجرى الحدود الا من حيث تقع المباينة والاوصاف التى لا يجرى لها مجرى الحقائق والحدود دون المراد بنفى المشابهة بينه عزّ وجلّ وبين الخلق يرجع فى الحقيقة الى الّا يجوز أن يكون فى شىء مما يوصف به على جميع معانى ما يوصف به المخلوق اذا وصف بمثله. وأصل ذلك معرفة حقيقة المثلَيْن والمشتبهَيْن.

(١٤) ويجب أن تعلم فى ذلك فساد قول من قال أنّ معنى المشتبهين هو ما اشتركا فى الاسم الواحد او حكم واحد او صفة واحدة من طريق *الايجاب او من طريق النفى.

(١٥) وأن يعلم أن حقيقة ذلك هى على ما نقول إنّهما المشتركان فى سائر اوصافهما ومعانيهما جوازا ووجوبا وأنّ ما استبدّ احدهما بحكم لا يجوز أن يوجد لصاحبه على وجه فهو مخالف لما فارَقَهُ فيه او غير مماثل له اذا كان وصف التغاير بينهما ممتنعا.

(١٦) ثمّ يجب أن تقف بعد ذلك على طرق ما اخذ اسماء الله عزّ وجلّ وصفاته وتعلم فساد قول من قال ان طريق ذلك ما يصحّ فى اللغة دون مراعاة ورود التوقيف بذلك فى الكتاب والسنة وإجماع الامّة. || Leipz 6v

(١٧) ثمّ يجب بعد ذلك أن تعلم أقسام الاخبار وطرقها ووجوهها وتفرّق بين ما كان متواترا منها نقلا ينقله الخلف عن السلف من غير مدافعة ولا منازعة من واحد منهم فيه وما يجرى مجرى ذلك مما ينقله

---

١ (مفترقة) ن متفرقة (أنّه - ٢ -) ز ب، ن تعالى (يصح) ب تصح ٢ (أن توقن) ب يوقن، ص ف (تعالى) ص ن ٤ (محدودا) ز ب، ن ولا ٥ (تقف) ن توقف، ب، ف يوقف (المنفى) ف المنتفى (عزّ وجلّ) ن، ف تعالى (للمخلوقات) ب بالمخلوقات ٦ (بما) ب، ل بها (المخلوق) ب، ن المخلوقات (العبارات) ب، ن العبارة (والتسميات) ز ب والسمات ٧ (التى) ز ف لا، ل التى التى (تجرى) ف يجرى (لها) ص ب، ن (والاوصاف) ب، ف بالاوصاف، ن؟ ٨ (دون) ب، ف، ن وان (المشابهة) ن التشابه، ب المتشابه، ف التشبيه (عزّ وجلّ) ن تعالى (الّا) ب، ف، ن انه لا ١٠ (المشتبهَيْن) ف المتشابهين ١١ (يعلم) ب تعلم (الاسم الواحد) ب، ف، ن اسم واحد (او حكم) ن وحكم ١٤ (من - ١ -) ب، ن فى ١٣ (وأن) ب، ن وبان (أن) ص ن (هى) ف هو (نقول) ف يقول ١٤ (ما) ب متى ١٥ (اذا) ن اذ ١٦ (ما اخذ) ب، ف، ن ماخذ (عزّ وجلّ) ف، ن تعالى ١٧ (مراعاة) ف مراعات ١٨ (بعد ذلك) ص ب، ف، ن (تعلم) ن يتعلم (تعلم) ز ب، ف، ن بعد ذلك (وطرقها) ب طرقها (وتفرق) ب ويفرق (بين ما) ب ما، ن بما (متواترا) ب متواتر ١٩ (يجرى) ف جرى

* *

البعض منهم ويستفيض فى الباقين وينتشر ولا يوجد نزاع فى ذلك ويفصل بين مرتبتهما فان احدهما ينتهى امره الى أن يضطرّ السامعون الى العلم بما اخبروا عنه ويصدق المخبرين وانّ الثانى يساوى هذا الاول فى ايجاب الحجة والقطع بالمُغَيَّب ولكنه لا ينتهى الامر فيه الى ايقاع العلم الضرورى للسامعين بل يعلم ذلك استدلالا بما قامت من دلالة صحّته من عصمة الامة فى كل ما تجمع عليه قولا وعملا ورضى به وترك الانكار عليه وانّ ما عدا ذلك فمنه ما يصحّ على طريقة الآحاد ولا يوجب العلم والقطع بل يلزم الحجة به على المكلّفين من باب العلم دون القطع بمغيبه.

(١٨) ومما يجب أن تقف عليه فى هذا الفصل أنّ ما جرى هذا المجرى من الاخبار لا يجب القطع بمغيّبه. فاذا لم يكن فيه عمل يُمْتَثَل ظاهرا كان سبيله أن يحمل على التجويز لما ورد له دون القطع فيحكم له على التغليب لا على التحقيق الذى يقتضى مساواة ظاهرة لباطنه.

(١٩) ويجب أن تعلم من قواعد هذا الباب أنّ ما جرى حكمه من الاسماء فى اللغة على طريق الاشتراك فى معان مختلفة فأنّه لا يختصّ اللفظ ببعضها الا بدليل سوى اللفظ والا لم يكن بعض تلك المعانى المختلفة فيها بأَوْلَى من بعض. فاذا وقفت على هذه الجمل وتحققت قواعدها واصولها تبينت خروج هذه الاخبار وما ضاهاها فبنيت الكلام فيها على هذه الاصول ولم يحتج فى ذكر كل فصل منها الى ضمّ دلالة عليه لما تقرّر من تمهيد ذلك قَبْلُ.

Leipz 6 v 22
Leid 4 r 13
Lond 9 v 9
Vat 7 r 8

فصل ٧

(٣٠) فى ابانة الدلالة على أنّ الله عزّ وجلّ شىء واحد لا يجوز عليه الانقسام والتجزىء.

Leipz 6 r

اعلم أنّا نشير فى كل فصل ممّا ذكرنا الى ما يجرى الكلام فيه || ممّا هو قاعدة الباب على الايجاز لئلّا نخرج عن الغرض المطلوب من الاختصار.

---

١ (الباقين) ف الناس (ويفصل) ف وتفصل (مرتبتهما) ف٦ن مرتبتيهما٦ ب مراتبهما (فان) ب٦ ف٦ن وان ٢ (ويصدق) ب بصدق٦ ف٦ن وبصدق ٣ (بل) ب٦ن بان ٤ (قامت) ف كانت (تجمع) ب تجتمع (ورضى) ف٦ل ورضا ٥ (العلم) ن العمل ٦ (بمغيبه) ف بغينبه ٧ (تقف) ب٦ ف٦ن يوقف (يجب) ب٦ ف٦ن يوجب ٨ (بمغيبه) ف بغيبه (له) ب٦ ف٦ ن به ١٠ (تعلم) ب٦ ن يعلم ١١ (معان) ب٦ ف معانى (والا لم) ف وان لم٦ ف٦ ن ولم ١٢ (خروج) ب٦ ف٦ ن تخريج وجوه ١٣ (ضاهاها) ن ضاها (فيها) ب٦ ن عليها (يحتج) ب٦ ن تحتج (فى) ب٦ ن الى ١٦ (عز وجل) ف٦ ن تعالى (والتجزىء) ز ب٦ ف٦ ن وما يجوز على المحدثات ١٧ (الكلام) ز ب٦ ف٦ ن عليه ١٨ (نخرج) ب٦ ف يخرج (الاختصار) ف الاخبار

* * *

(٣١) فممّا يدلّ ابتداءً على أنّ الله عزّ وجلّ شىء واحدٌ على التحقيق وليس باشياء مجتمعة وان أجرى اسمَ واحد عليه لا على سبيل ما يجرى على الجملة المجتمعة مثل قولك انسانٌ واحدٌ ودارٌ واحدةٌ وهى فى الحقيقة أشياء مجتمعة بل أُجرِى ذلك عليه على حدٍّ ما يجرى على المذكور الموجود الذى لا يصحّ الانقسام على ذاته كقولك سَوَادٌ واحدٌ وجوهرٌ واحدٌ فى باب أنّ ذلكِ يرجع الى معنى نفى الانقسام والتجزئة عنه هو أنّه لو كان عز وجل اشياء مجتمعة لم يصحّ أن يكون فاعلا واحدا ولا قادرا واحدا لأنّ ما يصح وصفه بالاجتماع *فهو القائم بنفسه الذى يصحّ أن يقوم به الصّفات.

(٣٢) وقد ثبت أنّه لا يصحّ أن تقوم صفة واحدة بموصوفين قائمين بأنفسهما بل لا يصحّ أن تقوم الصفة الواحدة الا بموصوف واحد قائم بنفسه. وهذا يوجب اشياء كلها محال منها أن تكون قدرة لا لقادر وذلك محال أو تكون القدرة الواحدة متجزّئة منقسمة وذلك ايضا محال لان توحيدها على هذا الوجه يمنع انقسامها أو تكون قدرة لمن لم يقم بذاته وذلك محال ايضا. فلمّا استحالت هذه الاشياء وكان القول بأنّ الله عز وجل اشياء مجتمعة يقال لها واحد كما يقال *لجملة اشياء مجتمعة واحد نحو قولك انسانٌ واحدٌ يؤدى الى بعض هذه المحالات استحال ووجب القول بأنّه شىء واحد غير منقسم ولا متجزئ.

(٣٣) سؤال فإن قال قائل اذا قلتم انّ معنى وصفه جلّ وعزّ أنّه شىء واحد لا يحتمل القسمة والتجزىء توهّما وتقديرا لا فعلا وتحصيلا وقد اوجبتم بذلك وصفه بما يوصف به الجزء الواحد من الاعراض والجواهر. وذلك || يوجب وصفه بأنّه اقلّ القليل واصغر الصغير وذلك محال فى وصفه تعالى. Leipz 7 v

(٣٤) الجواب قيل انّما ذكرنا فى هذا المثال توحيد الجوهر والسواد على طريق التفهيم للمراد بقولنا واحدٌ لا على المعنى ما يقال للجملة المجتمعة أنها واحد. وجمعنا بينهما فى هذا المعنى الواحد وهو تحقيق اثبات على امتناع القسمة من طريق التجزئة والتبعيض توهّما عليه وتقديرا. فأمّا مفارقة الجزء من الجواهر والسواد للقديم سبحنه فى باب صحّة وصف الجوهر والسواد أنّه اقلّ القليل واصغر الصغير فلا يؤثر فى ذلك ولا يوجب الاتّفاق فى ذلك المعنى الاشتراك فى سائر *معانى الجوهر الواحد والجزء من السواد. وذلك

---

١ (فمما) ب فما٦ ن فيما (يدلّ) ز ف ايضا (عز وجل) ف٦ ن تعالى (التحقيق) ز ب٦ ف٦ ن وانه ليس كمثله شىء (وان) ف فان ٢ (لا على... انسان واحد) ص ف (ودار) ف وداة ٣ (عليه) ص ن ٤ (يرجع) ز ب٦ ف٦ ن بتوحيده ٥ (ولا) ص ب٦ ن (ما) ز ب لا (وصفه) ف بوصفه ٦ (فهو) ل وهو (يقوم) ب٦ ف٦ ن تقوم ٧ (واحدة) ف واحد ٨ (أن) ب انه ان ٩ (أو تكون) ن وتكون ١١ (يقال لها ...مجتمعة) ص ف (لجملة) ل للجملة (واحد) ف واحدة ١٢ (بأنه) ز ب٦ ن تعالى ١٣ (جل وعز) ب٦ ف٦ ن عز وجل (أنه) ب٦ ن بأنه (شىء واحد) ب٦ ف٦ ن واحد أنه شىء ١٤ (والتجزىء) ب٦ ف٦ ن والتجزئة (وتحصيلا) ف وتحصيصا (وقد) ب٦ ن فقد (يوصف) ف وصف (الواحد) ب٦ ف والواحد ١٦ (الجواب) ف والجواب (فيل) ف بل (الجوهر) ب٦ ن الجواهر (التفهيم) ف التفهم ١٧ (وجمعنا) انتهى هناك النسخة ب (هذا المعنى الواحد) ف معنى هذا الواحد ١٩ (أنه) ن بأنه ٢٠ (معانى) ل امعانى

أن الجوهر الواحد اذا قيل اصغر الصغير واقلّ القليل فلم يجب ذلك به من حيث *وصف بأنّه واحد على معنى احالة القسمة عليه فى ذاته. ويجب أن يشاركه فى صحة الوصف بالصغر والقلّة *ما يشاركه فى الوصف بأنه واحد. وانمّا اختصّ الجوهر الواحد بصحة الوصف بالقلة* والصغر من حيث صحّ فى وصفه أن يجاور مثله وأمثاله فيكبُر بها. فاذا انفرد عنها قيل صغير واذا ضامها قيل كبير وكثير. الا ترى أنّ الواحد من اجزاء السواد *يصحّ وصفه بأنّه واحد على التحقيق من حيث امتناع القسمة على ذاته ولا يوجب أن يوصف بالصغر والقلة. فبان أن المعنى الذى لاجله وصف الجوهر بالصغر والقلة اذا انفرد لا يتعلق بمعنى ما وصفناه به أنه واحد على الوجه الذى اشرنا اليه من امتناع القسمة على ذاته.

(٣٥) مسئلة فأما القول فى أنّه عزّ ذكره لا يصحّ عليه مماسّة المخلوقات ولا مجاورة المحدثات فالذى يوضح صحّته اشياء. منها أنّ الحجة قد قامت على أنّه لا يصحّ أن يكون محدودا ولا أن يكون محلّا للحوادث وأن ما ساغ فيه واحد من ذلك كان محدثا وأنّ ما لم يجز أن يكون محدودا بذاته لاجل أنّه لا يصحّ أن يكون *محدودا بوجوده مع كونه قائما بنفسه. فلمّا لم يصحّ أن يكون لوجوده حدّ ابتداء ولا انتهاء فكذلك لا يصحّ أن يكون لذاته نهاية.

Leipz 7 r (٣٦) الا ترى أنّ الجواهر المحدثة ‖ والاجسام المخلوقة لمّا كان لوجودها ابتداء واجبًا وانتهاء جائزًا فى وجودها كانت ذواتها متناهيةً محدودةً قابلةً للحدث وكان يدلّ قبولها للحدث على حدوثها فلو ساغ على القديم الذى لم يزل موجودا ولا يزال موجودا ما يخص المحدثات بكونها دلالة على حدوثها لم يؤمن مع هذا القول قدم الاجسام كلها وان كانت محدودة متناهية متماسّة متجاورة ومتباينة محالّا للحوادث. وكان كل قول يؤدى الى ما لا يؤمن معه قدم الاجسام الحادثة باطلا. وكان القول بتجويز الحدّ والمماسّة وحلول الحوادث فى ذات القديم سبحنه يؤدى اليه بطل القول به لثبوت الدلائل وقيام الحجج وصحتها فى أنّ الاجسام محدثة لم تكن فكانت. ولذلك قلنا أنّ من اجاز على القديم سبحنه وتعالى عن قولهم المماسّة والتناهى وأن يكون محلّا للحوادث من الجسمية فلا سبيل لهم الى القول بحدث العالم ولا طريق لهم يثبتون بها أنّ الاجسام لم تكن فكانت.

---

١ (قيل) ز ف6 ن اذه (به) ف له (وصف بأنه واحد) ل وصفنا له واحد وصف ٢ (ما يشاركه) ن ما شاركه (ما... ٣ بالقلّة) ص ل ٤ (ان -١-) ف انه (يجاور) ن يجاوز (فيكبر بها) ن فيكثر بها6 ف بكثرتها ٥ (يصح) ل ويصح (يوجب) ن6 ف يجب ٦ (لاجله) ن من اجله ٨ (عزّ) ز ن وجل ١٠ (وأن -١-) ن وكان (وانّ -٢- ما) ف وانما ١١ (محدودا ... يكون ... ١٢ يكون) ص ل (ولا انتهاء) ن وانتهاء ١٣ (واجبا) ف واجب (وانتهاء) ن6 ف ولها انتها (جائزا) ف جايز ١٤ (وجودها) ف6 ن وجوده (متناهية) ل منسايهه6 وفى الحاشية لعله متناهية ١٥ (القديم) ز ن سبحانه (ولا يزال موجودا) ص ف ١٦ (متبانية) ف مباينة (محالا) ف محلا (وكان) ن كان ١٨ (لثبوت) ن فى ثبوت (وقيام) ن وثبوت قيام (الحجج) ف الحجة ١٩ (قولهم) ف قوله ٢٠ (بحدث) ف بحدوث

(٣٧) واذا بان لك أن القول بصحة وصف القديم بالحد والنهاية ومماسة المخلوقات وخلق الحوادث فى ذاته تعالى يؤدى الى ما ذكرنا مما يستحيل فى وصفه علمت بصحة هذه المقدمة وثبوت هذه القاعدة أنّ ما وصف به سبحانه فى الكتاب والسنة من الوجه واليد والعين والاتيان والمجىء والنزول كل ذلك على غير معانى الاتصال والانفصل والظعن والانتقال وأن اعتقاد ذلك على معنى الجارحة والبعض والعضو والاداة مستحيل فى وصفه ومن اعتقد عليه شىء منها فجاهل به. ولذلك احال الموجدون وصفه بأنّه تعالى جسم أو جوهر لانّ الدليل قد كشف عن معنى الجسم أنّه لا يكون الّا جوهران يجتمعان.

(٣٨) وقد ثبت أنّ ذاته سبحانه شىء واحد بما ذكرنا. وبطل أن يكون جوهرا لمّا قامت الدلالة على أنّ معناه ما احتمل ‖ لونا واحدا من جنس واحد وكونا واحدا وأن شرطه اللازم له أن تتعاقب عليه الحوادث Leipz 8 v ولا ينفكّ منها وأن ما كان كذلك لا يكون الا محدثا. وذلك محال فى وصفه تعالى لاجل أنّ القول به يؤدى الى بطلان قدمه وايجاب الدلالة على حدثه او فساد القول بحدث العالم.

(٣٩) مسئلة فامّا ما قلنا أنّه يجب أن تعلم أنّ المنفى عن الله عزّ وجلّ من التشبيه ليس هو نفى أن يسمى باسم قد تسمى به المحدث فالمراد بذلك أنّا اذًا سمّيناه بما سمى به نفسه ووصفناه بما وصفه به رسول الله صلى الله عليه وسلم وبما اجمعت عليه الامّة خلافا لمن قال من المبتدعة أنّه لا يجوز أن يسمى باسم يسمى به المحدث على وجه لان ذلك تشبيه على دعواه. وذلك نحو ما يسمى به أنه شىء واحد حىّ عالم قادر مريد متكلّم سميع بصير وقد أجرى ذلك على المحدثات حقيقة ولم يكن سبيل الى منع ما أذن الله عزّ وجلّ من تسميته به واطلاقه له كما لم يكن سبيل الى اطلاق اسم له لم يأذن فيه فى كتابه أو على لسان رسوله صلّى الله عليه وسلّم أو على لسان امته. وانّما غلط هؤلاء المانعون فى ذلك حيث توهّموا أنّ الاتّفاق فى بعض التسامى يقتضى التشابه. والذى يوضح من غلط هذا المتوهّم أنّه لا بدّ أن يكون مختلفا. وقد وصل الى بعض ذلك حسًّا والى بعضه عقلا.

---

١ (وخلق) ف، ن وحلول ٢ (ذكرنا) ف ذكرناه (فى) ص ف (أن ما) ف انما، ن وان ما ٣ (سبحانه) ص ف (فى) ف من (الوجه واليد) غ ف، ن ٤ (والظعن) ن والطعن والحركة ٥ (اعتقد عليه شىء) ف، ن اعتقده على شى (الموجدون) ف الموجودون، ز ن فى ٦ (بأنه تعالى) غ ف، ن ٧ (ذكرنا) ن ذكرناه ٨ (لونا) ن كونا (واحد) ز ف ولا ينفك منها (وكونا واحدا) ف لا ينفك منها، ص ن (وأن) ز ف من (شرطه) ف شرط (اللازم) ن الاَلْزَمَ ١٠ (حدثه) ف حدوثه ١١ (ما) ف اذا (عز وجل) ف سبحنه، ن تعالى ١٢ (تسمى) ن يسمى (سمى) ف يسمى ١٣ (رسول الله) ف، ن رسوله (وسلم) ف وعلى اله (عليه الامة) غ ف، ن ١٤ (يسمى) ف سمى ١٥ (وقد أجرى) ن واخَرى ١٦ (عزّ وجلّ) ف تعالى (من) ن فى ١٧ (رسوله) ف نبيه (وسلم) ص ف (فى) ف، ن من ١٨ (من) ص ف، ن (هذا المتوهم) ف هولآ لتوهم (يكون) ف يكونا (مختلفا) ف، ن مختلفان

(٣٠) ثم من الحكم اللازم لهما اتّفاقهما فى كثير من أسمائهما ولو لم يكن فى ذلك ألا أنّ كلّ واحد منهما يقال إنّه مخالف لصاحبه وحكمه حكم المخالفة معه. وإذا كان كذلك بان أنّ ليس شرط المختلفين أن لا يسمّى أحدهما بما يسمّى به صاحبه ولا معنى المشتبهين أن يسمّى أحدهما بما تسمّى به صاحبه. فبان أنّ اتّفاق المختلفات فى كثير من الأسماء والأوصاف لا يقتضى تشابههما واتضح بوضوح هذا الأصل ما أردنا أن نكشف عنه أنّ اتّفاق القديم والمحدث فى *بعض || الأسماء والاوصاف لا يقتضى التشابه بينهما إذ كان قد استبدّ احدهما بحكم أو أحكام يمتنع نحو ذلك على صاحبه. Leipz 8 r

(٣١) واعلم أنّ الوقوف على هذا الاصل والتّبيين له على الحقيقة يكشف عن جميع شبه المبتدعين فيما ادّعوا من التشبيه على أهل الحق من أهل السنّه والجماعة من * أهل الحديث إذا وصفو الله عزّ وجلّ بما وصف به نفسه أو وصفه به رسوله صلّى الله عليه وسلّم او المسلمون. وهذه المقدمة التى نذكر أوّلا فى الجواب عن هذه الاخبار والاى المتشابهة. وإن وصفنا الله عزّ وجلّ أنّه مستوٍ على عرشه وأنه خلق آدم بيده وأنّ له وجها وعينا ونحو ذلك لا يوجب إطلاقه التشبيه كما توهّم المخالفون الطاعنون على هذه الطّائفة برميهم بالتشبيه فى نقل ذلك.

Leipz 8 r 10
Leid 5 r 26
Vat 10 r 8

فصل ٨

(٣٢) واعلم أنّ العائب عليهم فى هذا الباب لا يخلو عيبه على من عاب عليه منهم أن يكون متوجّها الى نقلهم ما وعوا وسمعوا عن العدول الثقات أو العيب عليهم فى ذلك أنّهم نقلوا ما لا يجوز إطلاقه على الله عزّ ذكره أو يعيبون عليهم نقلهم ممّا يتوقفون عن طلب معناه والبحث عن فائدته.

(٣٣) فاما النقل عن العدول بما يسمع منه مع سكون النّفس الى وثاقته فلا عيب فيه على الناقل وأمّا الدعوى بأن ذلك لا يجوز إطلاقه على الله جلّ وعزّ فقد قلنا ان لا مدخل للعقول فى إطلاق الأسماء على

---

١ (أسمائهما) ف اسامیهما ٣ (المشتبهين) ن المستبهين (تسمى) ف[6] ن سمى ٤ (المختلفات) ف المختلفين (تشابههما) ن تشابُهَهَا (هذا) ص ف ٥ (بعض) زل فى بعض ن (اذ) ف اذا ٦ (يمتنع) ن يمنع (نحو) ف[6] ن تجويز ٧ (والتبيين) ف[6] ن بالتبيين ٨ (أهل - ٣ -) ف[6] ن اصحاب[6] زل أهل (عزّ وجلّ) ف تعالى ٩ (وسلّم) ف وعلى اله (وهذه) ن وهو ١٠ (عز وجل) ف[6] ن تعالى (أنّه) ف[6] ن بانه (مستو) ل مستوى (بيده) ن بيده/يه ١١ (توهم) ف[6] ن توهمه ١٤ (واعلم) ف اعلم (العائب) ن الغالب (فى) ص ف (يخلو) ف يخلوا ١٦ (عزّ ذكره او يعيبون) ف تعالى و يعيبون (مما) ف لما[6] ن لما لا ١٧ (العدول بما) ف[6] ن العدل ما ١٨ (جلّ وعزّ) ف[6] ن(؟) سبحانه

الله عزّ وجلّ بل سبيله ومأخذه السمع. وأمّا التوهّم بأنّ ذلك يقتضى التشبيه ووصف الربّ بما لا يجوز عليه فهو راجع على المتوهّم له لقلة معرفته ونقصان رُتْبَتِه فى معانى الألفاظ وتخريج وجوهها. وإن كان لاجل توقفهم عن البحث عن معناه وقد نقلوه من حيث نقلوه ووعوه عن الثقات فقد قلنا انّ المنع إنّما يقع لمن لا يحصل طريق التخريج ويخفى عليه سبيل التأويل ولا يحقّق الجَمْع بين إثبات معناه ونفى التشبيه وهذا كمنع || العامّة. ومَن تَقْصُرُ درجتُه فى اللّغة والنّظر عن استيفاء ما فى ذلك عن تأويل متشابه القرآن وكمنع العامّة عن الفتيا فى الفروع لذهابهم عن علم الاصول وكيفيّة ترتيب الفروع عليها. Leipz 9 v

(٣٤) فقد بان أن لا معيب على هؤلاء النَقَلَة فى نقل أمثال هذه الأخبار. ومع ذلك فإنّهم يكشفون عن طرقها ويميّزون بين صحيحها وسقيمها وما يجب أن يشتغل بتأويله دون ما يجب أن يطرح. فإن عيب على هذه الطائفة فى نقل ذلك لو لا سوء *اعتقاد المبتدعة وضميرهم وابطانهم العداوة والخلاف لاهل الحقّ والسنّة حتّى يتطلب العيب من غير وجهه.

فصل ٩

Leipz 9 v 7
Leid 6 v 13
Vat 11 v 14

(٣٥) فإن قال قائل فإذا كانت هذه الأخبار *لم توجب العلم والقطع ولم تتضمّن عملا يعمل به فما وجه نقلها وكيف طريق الصواب فى تخريج معانيها ووجوهها فالجواب انّ هذه الاخبار منقسمة على أقسام منها ما اجتمع أهل النّقل على صحته وانتشر ذلك فيهم ولم يوجد له منكر ولا مفسد. وذلك نحو حديث الرّؤية ووصف الله تعالى باليد والنّزول وما جرى مجراه. فهذا الباب منتشر مشتهر لا دافع له بل الكلّ من أهل النقل مجتمعون على صحّته ولا يطعن عليه الّا مبتدع يرى رأيا فاسدا يتوهّم أنه إذا قيل ذلك أدّى إلى تشبيه الله عزّ وجلّ بخلقه.

(٣٦) وقد قلنا انّه لا طريق لأحد الى إنكار الخبر لأجل ما يتوهّمه من الفساد فى معنى متنه. وإنّما يتطرّق على إبطاله بما يرجع الى سنده بكونه منقطعا أو بأن يرويه مجهول العدالة أو مجروح

---

١ (عزّ وجلّ) ف سبحانه (مأخذه) ف ما وجده (التوهّم) ف الوهم (الربّ) ز ف[٦] ن تعالى
٢ (عله) ف[٦] ن عليه (المتوهّم) ن التوهم ٣ (وقد نقلوه) ص ف[٦] ن (حيث) ز ف[٦] ن قد ٤ (يحصل) ز ف[٦] ن له (التخريج) ف[٦] ن البحث (يحقق) ن تحقق ٥ (العامّة) ز ف عن الفتيا (عن تأويل) ف من تأويل ٧ (فقد) ن وقد ٨ (يشتغل) ف تشتغل [٦] ن يستعمل (بتأوبله) ف[٦] ن بتاويلها (فإن) ف[٦] ن فاى ٩ (اعتقاد) ل اعتقادهم ١٠ (يتطلب) ف تطلب (وجهه) ف وجه[٦] ويكتب بالحاشية فى النسخة ف انه بلغ المقابلة ١١ (فصل) ص ن ١٢ (لم) ل لا ١٣ (ووجوهها) ص ن ١٤ (اجتمع) ف[٦] ن اجمع (فيهم) ن عنهم ١٦ (مجتمعون) ف[٦] ن مجمعون ١٨ (انّه) ف[٦] ن ان (لأجل) ف[٦] ن من اجل ١٩ (على) ف الى (بما) ف[٦] ن ما (يرويه) ف راويه

ظاهرًا لأمر فى الكذب. فأمّا يتوهّم مبتدع بفساد رأيه ونقص معرفته أنّ ذلك يؤدّى إلى كذب ممّا لا يليق بالله سبحانه فلا يبطل الخبر بمثله ولا يبقى إلّا الكشف عن فساد ما يتوهّمه وإبانة وجهه على الصّحّة من حيث لا يؤدى إلى تشبيه ولا تعطيل.

(٣٧) والقسم الثانى من هذه الأخبار هو ما يرويه بعض دون بعض ولا ينتشر ذلك غير أنّه لا يظهر جرح سنده ولا ينكشف أحوال الناقلين له إلاّ عن عدالة. ‖ فسبيل ذلك القبول وتكون درجته دون الدرجة الأولى. فمن ذلك ما روى انّ الرّيح من النّفس الرّحمن وانّ الجبّار يضع قدمه فى النّار وانّ الله سبحانه يحمل السّموات على اصبع ونحو ذلك. Leipz 9 r

(٣٨) والقسم الآخر من أقسام هذه الأخبار ما تختلف أهل النّقل فى وثاقة ناقليه فمن مصحّح له نقلا ومن طاعن عليه. فمن ذلك ما روى عنه عليه السّلام أنّه قال إنّ الله عزّ وجلّ خلق آدم على صورة الرّحمن بإظهار الرّحمن. ومن ذلك ما روى عكرمة عن ابن عبّاس عن النّبى صلّى الله عليه وسلّم قال رأيت ربى على صفات ذكرها فى الخبر. وذلك أنّ أهل الجرح والتعديل من أهل النّقل يختلفون فى عدالة عكرمة فمنهم من جرّحه ومنهم من عدّله. وهذه القسمة من هذه الأخبار دون الدّرجة الثانية وكلاهما مِمّا يشتغل بتأويله وإبانة وجوهه وتخريجه لأجل أنّ بعض أهل النّقل قد صحّحه استظهارا بالحجّة فى دفع دعاوى المبتدعة وإبانة خطاء المعطّلة.

(٣٩) والقسم الآخر من هذه الأخبار ما أجمع أهل النّقل على سقوطه وجرح رواته. وإنّما رووها ليبيّنوا كذب رواتها ويدلّوا على بطلانها. وذلك نحو ما روى حماد عن أبى المهزم عن أبى هريرة أنّ اعرابيّا جاء إلى النّبى صلّى الله عليه وسلّم فقال ممّ ربّنا عزّ وجلّ فذكر الحديث. وكحديث الجمل والقفص وما ذكره صاحب الأغانى فى كتابه من الطعن بأمثال هذه الأحاديث التى أجمع أهل النّقل على فسادها وسقوطها. فهذا النّوع لا معنى للاشتغال بتأويلها وتخريجها لاجتماع الكلّ على فسادها.

---

١ (فأمّا) ز ن ما (يتوهّم ... -٢- فساد ما) ص ف (يتوهّم) ف بتوهم ٢ (ولا) ز ن الى ٤ (هو) ف[6] وهو ص ن (بعض دون بعض) ف بعض (ينتشر) ف ينشر (ذلك) ص ن ٥ (وتكون) ف ويكون (الأولى) ف الاولة ٦ (روى) ز ن فى الحديث (من) ص ن (سبحانه) ص ف[6] ن ٧ (على إصبع) ص ف (ونحو ذلك) ن والارضين على على اصبع[6] ف والارضين على اصبع ٩ (عليه السّلام) ن صلى الله عليه وسلم[6] ف صلى الله عليه (عزّ وجلّ) ف[6] ن تعالى ١٠ (ابن) ل بن (وسلّم) ز ن انه (ربى) ز ف[6] ن عز وجل ١٢ (بتأويله) ن بتاويلهما ف بتاويلها ١٣ (وجوهه وتخريجه) ن وجوههما وتخريجهما[6] ف وجوهها وتخريجها ١٥ (ما) ص ف (رووها) ف رووه ١٦ (ويدلّوا) ف ويدل (المهزم) ن المسنهزم (؟) ١٧ (ممّ) ز ف برى (وكحديث) ف[6] ن وكنحو حديث (القفص) ف القصص ١٨ (فى) ز ف[6] ن اول (فهذا) ف فذا ١٩ (بتاويلها وتخريجها) ف[6] ن بتأويله وتخريجه (لاجتماع) ف لاجماع (فسادها) ف[6] ن فساده

(٤٠) واعلم أنّه ليس يخلو جميع هذه الاخبار من هذه الاقسام الّتى ذكرناها فما كان له طريق يصح من جهته فللاشتغال بتأويله وجه وسنكشف عمّا يجرى هذا المجرى منها ونوضح معانيها على الوجه الصّحيح الذى تشهد به اللغة ولا يدفعه العقل ولا يقتضى تشبيها ولا يؤدّى إلى وصف الربّ عزّ وجلّ بما لا يليق به ممّا ذكرناه فى مقدمة كتابنا لمّا تقرّر || أنّ دلالة السّمع لا تنقض دلالة العقل وأنّ دلالة العقل تقتضى كون القديم سبحانه على الأوصاف الّتى ذكرناها وأنّ وصفه بخلاف ذلك يؤدّى إلى نفيه وتعطيله ولا سبيل إلى ذلك. Leipz 10 v

(٤١) فاعلم انّ ما صحّ منه مرتّب على دلائل العقول ليجمع بين الدّلالتين ويوفق بين الجهتين ويدفع طعن الطّاعنين وإنكار المنكرين على الوجه الذى يشهد له دلائل العقول والسّمع وتساعده الأصول الممهّدة والقوانين المقدرة. وسيجىء ذلك على التّرتيب الّذى رتبناه اوّلا اوّلا ان شاء اللّه.

فصل ١٠

Leipz 10 v 7
Leid 6 r 17
Vat 12 r 3

(٤٢) فإن قال قائل فإن كان شىء من هذه الأخبار لا يوجب العلم والقطع بعينه على أصلكم فى أنّ خبر الواحد لا يوجب العلم وإنّما يعمل بمقتضى عمل فيه إذا تضمّن عملا وكان نقله على الشّرط الّذى تقبلون عليه أخبار الآحاد إذا وردت ثمّ ان ما يطلق على اللّه عزّ وجلّ من الأسماء والأوصاف بذلك ممّا يقتضى الاعتقاد له على ذلك الوجه فكيف تخريجكم لهذه الأخبار وما وجه اشتغالكم بترتيبها وتصحيح معانيها فى أوصافه عزّ وجلّ

(٤٣) فالجواب إنّا قد ذكرنا أقسام هذه الأخبار فمنها ما نقول انّها تؤدّى إلى علم مكتسب واعتقاد على طريق القطع لا على الوجه الّذى يضطرّ السّامع فيه إلى العلم بما يسمعه من أخبار التواتر ولكنّه على الوجه الذى نقول إنّ ما أجمعت الأمّة عليه مقطوع به معتقدا صحّته ويعلم ذلك بنوع من

---

١ (يخلو) ف٦ ل يخلوا ٢ (وجه) ن اوجب (يجرى) ف٦ ن جرى ٣ (به) ف له (تشبيها) ن تشبها (عزّ وجلّ) ف تعالى (بما) ف مما ٥ (سبحانه) ف تعالى ٧ (فاعلم) كتب فى كل النسخ فعلم ف٦ ل٦ ن (منه) ف عنه (ليجمع... -٨- العقول) ص ف (الدّلالتين) ن الدليلين (الجهتين) ن الحجتين ٨ (يشهد له) ن تشهد به (تساعده الاصول) ن يساعده للاصول ٩ (وسيجىء ذلك) ن وسنجىء ذلك (اوّلا -٢-) ف٦ ن فاولا (اللّه) ز ف٦ ن تعالى ١٠ (فصل) ن سؤال٦ ز ف٦ ن اخر ١١ (فان) ف فاذا٦ ص ن (كان) ن كل ١٣ (عزّ وجلّ) ف تعالى (بذلك) ف٦ ن فذلك ١٤ (فكيف) ف وكيف (اشتغالكم) ل٦ ن استغالكم ١٥ (عزّ وجلّ) ن تعبير ١٦ (فالجواب) ف الجواب ١٧ (يضطر) ف يظطر (يسمعه) ف يسمع ١٨ (الذى) ص ن (أجمعت) ف٦ ن اجتمعت (الأمّة عليه) غ ف٦ ن (معتقدا) ف٦ ن معتقد

النّظر والاستدلال وأصل ذلك خبر الرسول صلى الله عليه وسلم فإنّه يؤدّى إلى علم مكتسب لسامعه منه. وذلك نحو ما روى من هذه الأخبار ممّا استفاض وانتشر واشتهر عند أهله ولم يوجد له منازع ولا دافع. وذلك نظير ما روى فى أخبار السنن انّ فى الرِقّة ربع العشر وفى مائتى درهم خمسة دراهم وفى خمس من الإبل شاة. ومن ذلك أخبار الرؤية والشفاعة وخلق آدم على صورته وينزل إلى سماء الدنيا كل ليلة وما جرى مجراه. فهذا || النوع يؤدّى الى علم مكتسب والاعتقاد لصحّته نحو الاعتقاد لما ذكرناه من أخبار السنن وما جرى مجراه ممّا لم يبلغ درجة التواتر فى القطع به ووقوع العلم الضرورىّ للسامع عنه. وارتفعت درجته عن درجة أخبار الآحاد وهى القسمة الوسطى من اقسام الأخبار لأنّها تواتر ومستفيض وآحاد. Leipz 10 r

(٤٤) وامّا ما كان من نوع الآحاد ممّا صحّت به الحجّة من طريق وثاقة النقلة وعدالة الرواة واتصال نقلهم فإنّ ذلك وإن لم يوجب العلم والقطع فإنّه يقتضى غالب ظنّ وتجويز ظنّ حتّى يصحّ الحكم أنّه من باب الجائز الممكن دون المستحيل الممتنع. وإذا كانت ثمرة ما جرى هذا المجرى من الأخبار ما ذكرناه فقد حصلت به فائدة عظيمة لا يمكن التواصل إليها إلّا به. وهذا يقتضى أن يكون الاشتغال بتأويله وإيضاح وجهه مرتّبا على ما يصحّ ويجوز فى أوصافه عزّ ذكره محمولا على الوجه الّذى نبيّنه ونرتّبه من غير اقتضاء تشبيه أو إضافة ما لا يليق بالله عزّ وجلّ إليه. فعلى ذلك تجرى مراتب هذه الأخبار وطرق تأويلها.

---

١ (خبر الرسول) ص ن (صلى الله عليه وسلم) ف عليه السلام (لسامعه) ز ف معه ٢ (من) ف عن ٣ (فى) ف عن ٥ (والاعتقاد) ن الاعتقاد؟ ف عليه الاعتقاد (لصحّته) ف بصحته (لما) ف بما (ذكرناه) ف؟ ن ذكرنا ٦ (لم) ص ن ٧ (لانّها) ف لانه (ومستفيض) ز ن به ٨ (به الحجّة) غ ف؟ ن ٩ (ظنّ - ٢ -) ص ف؟ ن (الحكم) ف؟ ن أن يحكم (من) ص ن ١١ (فقد) ف وقد (التواصل) ف؟ ن التوصل ١٢ (عزّ) ف جل ١٣ (عزّ وجلّ) ف تعالى (تجرى) ن يجرى

* * * *

Leipz 32 r 1
Leid 19 v 6
Vat 44 r 3

خبر آخر فى هذا المعنى

(٤٥) وما يشاكل هذا الخبر روى أَنَس بن مٰلِك قال كان جبريل عند النبى صلى الله عليه وسلم فأتاه ملك فقال أين تركت ربّنا قال فى سبع أرضين. فجاءه آخر فقال أين تركت ربّنا فقال فى سبع سموات. فجاءه آخر فسأله مثل ذلك فقال فى المشرق. فجاءه آخر فسأله أين تركت ربّنا فقال فى المغرب.

(٤٦) ذكر تأويله اعلم انّ البلخى حمل ذلك على ما يذهبون إليه من القول أنّ الله تعالى فى كل مكان وزعم أنّه نظير ما دلّت عليه الآية فى قوله عزّ وجلّ وهو الذى فى السماء إلاه وفى الأرض إلاه وقوله تعالى وهو الله فى السموات وفى الأرض. وكان يذهب مذهب النجّار فى أنّ الله فى كل مكان وهو مذهب المعتزلة. وهذا التأويل عندنا منكر لأجل أنّه لا يجوز أن يقال إن الله تعالى فى كل مكان أو مكان من قبل أن ظاهر معنى فى وما وضع له فى اللغة هو الوعاء والظرف. وذلك لا يصحّ إلّا فى الاجسام والجواهر.

(٤٧) فأمّا قوله عزّ ذكره وهو الله فى السموات وفى الارض فإنّ معناه عند أصحابنا أنّ الله عزّ وجلّ يعلم سرّكم وجهركم الواقعَيْن فى السموات والارض. والسموات والارض هى محالّ للسر والجهر الواقعَيْن فيهما لا أنّهما محلّ لله عزّ وجلّ ولا يصلح الوقف على قوله تعالى وهو الله فى السموات وفى الارض دون أن يوصل بقوله تعالى يعلم سرّكم وجهركم.

---

١ (خبر... المعنى) ص ف ؟ يخلو سطر واحد هذه فى النسخة (خبر) ن ذكر خبر (المعنى) ز ن وتأويله ومعناه وممّا شاكل هذا الخبر ٢ (وما) ف ؟ ن ومما (الخبر) ز ف ؟ ن ما (مٰلِك) ف ؟ ن مالك (جبريل) ز ف ؟ ن عليه السلام ٣ (فقال) ف ؟ ن قال ٥ (ذكر تأويله اعلم) ف ؟ ن بيان تاويله اعلم ؟ كتب بالحاشية فى النسخة ف (البلخى) ن الثلجى (أنّ) ف ؟ ن بان ٦ (عزّ وجلّ) ف تعالى ؟ ص ن ٧ (تعالى) ن عز وجل (وهو... تعالى -٨-) ص ف (فى -١-) ز ف ؟ ن القول (أنّ) ف ؟ ن بان (الله) ز ن عز وجل ٩ (أو) ز ف فى ؟ ز ن فى كل (وما) ف فيما (هو) ف وهو ١١ (عزّ ذكره) ن عز وجل ؟ ص ف ١٢ (عزّ وجلّ) ف تعالى ؟ ص ن (فى السموات -١٣- ... الواقعَيْن) ص ف (والارض -٢-) ز ن هى ١٣ (للسر) ن السر (فيهما) ص ن ؟ ف فيهن (أنّهما) ن ؟ ف انها (عزّ وجلّ) ف تعالى (يصلح) ف ؟ ن يصح ١٣ ؟ ١٤ (تعالى) ص ف ؟ ن ١٤ (وجهركم) ص ن

(٤٨) فإن قال قائل فما معنى الخبر إذ لم يذكر فيه العلم بل أطلقوا القول فقالوا فى المشرق والمغرب وفى السموات وفى الارض قيل إن صحّ هذا الخبر فمعناه أنّه فوقها. واستعمال فى بمعنى فوق ظاهر فى اللغة منتشر. منه قوله عزّ وجلّ فسيحوا فى الارض أى فوقها. ومنه قوله لأصلّبنّكم فى جذوع النخل قال المفسّرون معناه على جذوع النخل وعليه يتأوّل قوله تعالى ءأمِنْتُمْ مَن فى السماء انّ المراد بذلك مَن فوقها. واذا كان ظاهرا فى اللغة استعمال فى بمعنى فوق وقد قال *تبارك وتعالى وهو القاهر فوق عباده وقال يخافون ربّهم من فوقهم وأطلق المسلمون انّ الله تعالى فوق خلقه كان حَمْلُه على ذلك أَوْلَى وعليه يتأوّل ايضا قوله تعالى وهو الذى فى السماء إلاه وفى الارض إلاه أى فوق السماء إلاه وفوق الارض إله وأنشد بعضهم لبعض الشعراء

وَهُمْ صَلَبُوا ٱلْعَبْدِىَّ فِى جِذْعِ نَخْلَةٍ

Leipz 33 v || معناه على جذع نخلة.

(٤٩) واعلم انّا إذا قلنا إنّ الله عزّ ذكره فوق ما خلق لم يرجع به الى فوقيّة المكان والارتفاع على الأمكنة بالمسافة والإشراف عليها بالمماسّة لشىء منها بل قولنا أنّه فوقها يحتمل وجهين. أحدهما أنّه يراد به أنّه قاهر عليها مستولٍ عليها إثباتا لإحاطة قدرته بها وشمول قهره لها وكونها تحت تدبيره جارية على حسب علمه ومشيئته. والوجه الثانى أن يراد به أنّه فوقها على معنى أنّه مباين لها بالصفة والنعت وانّ ما يجوز على المحدثات من العيب والنقص والعجز ولآفة والحاجة لا يصحّ شىء من ذلك عليه ولا يجوز وصفه به. وهذا أيضا متعارف فى اللغة أن يقال فلان فوق فلان ويراد بذلك رفعة المرتبة والمنزلة. والله عزّ وجلّ فوق خلقه على الوجهين جميعا. وإنّما يمنع الوجه الآخر وهو أن يكون على معنى التحيّز فى جهة الاختصاص ببقعة دون بقعة. وإذا قلنا إنّه فوق الأشياء على هذا الوجه قلنا أيضا فى تأويل إطلاق القول

---

١ (فقالوا) ن فقال (المشرق) ف الشرق (المغرب) ف العرب ٢ (فوقها) ف فوقهما ٣ (منه) ف ومنه (عزّ وجلّ) ف تعالى (لأصلّبنّكم) ف⁶ ن ولاصلبنكم ٤ (قال... النخل) ص ن (تعالى) ص ف⁶ ن ٥ (تبارك وتعالى) ف⁶ ن تعالى (تبارك) ل تبرك ٦ (وقال) ز ف تعالى ٧ (تعالى - ٢ -) ص ف (الاه) ف⁶ ن اله [ثلاث مرّات] ٨ (أى) ز ف⁶ ن هو (الاه - ٢ -) ص ن (لبعض الشعراء) ص ف ٩ (وهم) ن هم⁶ ف هموا (نخلة) ز ن فلا عطست شيْبَانُ إلا بأَجْدَعَا ١١ (واعلم) كتب فى حاشية ف (عزّ ذكره) ف تعالى (به) ص ف ١٢ (لشىء) ن بشى⁶ ف ليس (قولنا) ف قوله (أنّه - ٢ -) ن ان ١٣ (عليها) ف⁶ ن لها (بها) ص ن ١٤ (ومشيئته) ن ومشيّته (الوجه الثانى) كتب فى حاشية ف (أن) ف انه ١٦ (رفعة المرتبة والمنزلة) ف المنزلة والرتبة ١٧ (عزّ وجلّ) ف تعالى (يمنع) ف⁶ ن يمتنع (الآخر) ف⁶ ن الثالث ١٨ (إطلاق) ص ف

بأنّه فيهما على هذا المعنى. وقد أرينا من طريق اللغة تعاقب هذَيْن الحرفَيْن على الوجه الذى ذكرنا شواهده من آى القرآن والشعر.

(٥٠) سؤال فإن قال القائل فإذا أجزتم أنّه فى السماء وفى الارض على معنى أنّه فوقهما أفتجيزون أن يقال إنّه فى كل مكان على هذا المعنى قيل إنّما نطلق من ذلك ما ورد به أثر ونطق به سمع وليس للقياس عندنا فى ذلك مدخل بوجه من الوجوه. فقلنا إن صحّ هذا الخبر كان طريق تأويله على نحو تأويل الآية فى قوله عزّ ذكره ءَأمنتم مَنْ فى السماء. وإنّما زعم مخالفونا أنّه واجب أن يقال إنّ الله فى كل مكان ورد به خبر أو لم يرد سوى مَنْ وافقنا منهم فى أخذ اسمائه على التوقيف خصوصا ولا توقيف على هذا الوجه بأن الله تعالى فى كل مكان فمتى رجعوا فى إطلاق ذلك الى العلم والتدبير كان معناهم صحيحا واللفظ ممنوعا منه. ألَا ترى أنّه لا يسوغ أن يقال إنّ الله تعالى مجاور لكل مكان أو مماسّ أو حالّ أو متمكّن فيه على معنى أنّه عالم بذلك مدبّر له.

(٥١) فأمّا قولهم انّ هذا سبيل قولهم ان فلان فى بناء داره وفى صلاته وعمله على معمى أنّه يدبّر ذلك قيل هذا أيضا خطاء لأنّ ما ذكرتموه هو من الكلام المقلوب || كقولهم ادخلت القلنسوة فى رأسى وأدخلت القبر زيدا وأدخلت الخفّ فى رجلى وإنّما تدخل الرجل فى الخفّ وزيد فى القبر والرأس فى القلنسوة. Leipz 33 r كذلك العمل فى فلان والبناء فيه لا أنّه هو فى العمل ومثل هذا فى الكلام ما لا ينقاس ولا يصحّ أن يجعل اصلا لأنّه نوع من المجاز وإنّما تجعل الحقائق الاصول وتستخرج معانيها إذا كان لاشتغال القياس فى ذلك مدخل.

(٥٢) وهذا القدر يكفى فى الاشارة إلى فساد قول البلخى ومن ذهب مذهبه فى إطلاق القول بأن الله تعالى فى كل مكان وحمل هذا الخبر على مثل مذهبه فيه.

---

١ (على -١-) ز ف٦ ن مثل (وقد) ف٦ ن فقد (أرينا) ف٦ ن رأينا ٢ (من) ف٦ ن فى
٣ (سؤال) كتب على الحاشية فى ف (قال القائل) ف قيل (فإذا) ف فان (أجزتم) ز ف٦ ن ان يقال (فوقهما) ف فوقها (أفتجيزون) ف٦ ن فتجيزون ٤ (على) ز ف مثل (قيل) كتب على الحاشية فى ف (نطلق) ن اطلق (نطق) ف يطلق (سمع) ن وسمع ٦ (عزّ ذكره) ف تعالى٦ ص ن
٧ (الله) زف٦ ن تعالى (ورد) ف وورد (سوى) ف شى اما٦ ز ن اما (أو) ن وانه (على التوقيف) ف٦ ن عن التوقف ٨ (فمتى) ن فمتى ما٦ ف متاما (فى) ز ف معنى ٩ (منه) ص ف٦ ن (تعالى) ص ف ١١ (ان ... قولهم) ص ن (ان -٢-) ص ف٦ ن (هذا) ز ف٦ ن على (يدبّر ذلك) ف٦ ن يدبره
١٢ (قيل) كتب على الحاشية فى النسخه ف (هذا) ن هو (ذكرتموه) ف٦ ن ذكرتم (كقولهم) ف كقوله
١٤ (كذلك) ف٦ ن وكذلك (يصحّ) ف٦ ن يصلح ١٥ (وتستخرج) ف تخرج (لاشتغال) ف لاستعمال
١٧ (القدر) ن القول (البلخى) ن الثلجى ١٨ (فيه) ص ف

Leipz 33 r 7
Leid 20 r 19
Vat 46 v 8

ذكر خبر آخر ممّا يقتضى التأويل

(٥٣) وهو ما روى سِمَاك بن حَرْب عن النعمان بن بشير عن رسول الله صلى الله عليه وسلم أنّه قال لَلّهُ أفرح بتوبة العبد من العبد إذا ضلّت راحلته فى أرض فلاة فى يوم قائظ وراحلته عليها زاده. ومراده إذا ضلّت راحلته أيقن بالهلاك وإذا وجدها فرح بذلك فالله أشدّ فرحا بتوبة عبده من هذا العبد بوجود راحلته. ونظيره أيضا ما روى أبو هريرة رضى الله عنه عن النبى صلى الله عليه وسلم لا يطأ الرجل المساجد للصلاة والذكر إلّا تبشبش الله اليه حتّى يخرج كما يتبشبش أهل الغائب بغائبهم إذا قدم عليهم.

(٥٤) تأويله اعلم انّ الفرح فى كلام العرب على وجوه منها الفرح بمعنى السرور. ومن ذلك قوله عزّ وجلّ حتّى إذا كنتم فى الفلك وجَرَيْن بهم بريح طيّبة وفرحوا بها أى سرّوا بها. فهذا المعنى لا يليق بالله عزّ وجلّ لأنّه يقتضى جواز الشهوة والحاجة عليه ونيل المنفعة تعالى عن ذلك.

(٥٥) ومنها الفرح بمعنى البطر والاشر. من ذلك قوله تعالى ولا تفرحوا بما اتاكم وقوله إنّ الله لا يحبّ الفَرِحين وقوله إنّه لَفَرِحٌ فَخُورٌ ومنه قول الشاعر

وَلَسْتُ بِمِفْرَاحٍ إِذَا ٱلدَّهْرُ سَرَّنِى   وَلَا جَازِعٍ مِنْ صَرْفِهِ ٱلْمُتَقَلِّبِ

أى لست ببطر ولا أشر وإن وافقنى الدهر وساعدنى.

(٥٦) والوجه الثالث من الفرح أن يكون بمعنى الرضى. من ذلك قوله عزّ وجلّ كل حزب بما لديهم فرحون || أى راضون. ولمّا كان من يسرّ بالشىء فقد رضيه قيل إنّه به فرح على معنى أنّه *راضٍ Leipz 34 v

---

١ (التأويل) ز ن ويوهم ظاهره التشبيه (ذكر... التأويل) ص ف⁶ يخلو سطر واحد فى هذه النسخة ٢ (روى) ف⁶ ن رواه (أنّه) ص ن ٣ (قائظ) ن قائض ٤ (إذا) ف اذ (وإذا) ف فاذا ٥ (رضى الله عنه) ص ن (وسلم) ز ف⁶ ن انه قال ٦ (الله) ز ف⁶ ن تعالى (إليه) ف عليه (حتّى) ن حين ٨ (تأويله اعلم) كتب على الحاشية فى النسخة ف ٩ (عزّ وجلّ) ف⁶ ن تعالى (إذا) ن اذ (فهذا) ف وهذا ١٠ (عزّ وجلّ) ف سبحانه (لأنّه) ز ن لا (ونيل) ف وميل (تعالى) ز ن عزوجك ١١ (ولا... وقوله... -١٢- وقوله) ص ن ١٢ (فخور) ز ف⁶ ن يعنى بذلك [ز ن فرح] البطر والاشر ١٣ (جازع) ل جزع ١٤ (وان) ف ان ١٥ (والوجه الثالث من الفرح) فى حاشية ف (الرضى) ف⁶ ل الرضا (عزّ وجلّ) ف تعالى ١٦ (كان) ز ف⁶ ن كل (يسر) ف بشر (فقد) ن قد (به) ص ف (راضٍ به) ل به فرح

به. ومعنى الخبر يحمل على ذلك لأنّ البطر والسرور لا يليقان بالله عزّ وجلّ ويكون معنى ذلك أنّ الله تعالى أرضى بتوبة العبد من رضى من وجد راحلته.

(٥٧) واعلم أنّ أصل الرضى على أصولنا إنّما يتعلّق بمن فى المعلوم أنّه يوافى ربّه على الإيمان والطاعة. وان من وفّقه الله للتوبة من معاصيه فقد رضى أن يكون مثابا على الخير مقبولا منه الطاعة والعبادة ولم يزل الله عزّ ذكره عندنا راضيا عن من يعلم أنّه يموت على الإيمان مزكّيا له مادحا مثيبا عليه بالإيمان والخير والبرّ. ويكون فائدة الخبر على ما ذكرنا تعريفنا انّ الله عزّ وجلّ هو التائب على العبد ليتوب لقول الله عزّ وجلّ ثمّ تاب عليهم ليتوبوا على صحّة ما نقول إنّ الله عزّ وجلّ هو الخالق لأعمال العباد والموفّق للخير منها وانّ ما يستعمل فى الخير لا يصلح أن يستعمل فى الشرّ. وإذا كان كذلك أفاد هذا الخبر تعريف صحّة ما نقول فى الرضى وأنّ الطاعة عن رضى الله تعالى تحصل للعبد لا عن العبد وأنّه هو الّذى يعينه عليه ويوفّقه له وأنّ مَن علمه أنّه لا لذلك يسّر له طريق ذلك كما أنّ مَنْ يُسَرَّ للشىء تيسّر له الطريق. فكذلك مثبّت هذه الصفة بتلك الحالة.

(٥٨) وعلى نحو ما ذكرنا أيضا يتأوّل قوله صلى الله عليه وسلم فى البشبشة وذلك أنّ معناه يقارب معنى الفرح والرضى بما يحصل والبشر لِما تيسّر منه. والعرب تقول رأيت لفلان بشاشة وهشاشة وفرحا ويقولون فلان هشّ بشّ فَرِح إذا كان منطلقا فيما يَحْدُث له راضيا به. وعلى هذه الطريقة يكون معنى الخبر انّ الله عزّ وجلّ قد رضى وطأً الواطئين المساجد للذكر والصلاة وأعانهم عليه ويسّر لهم التقرّب به إليه وسهّل عليهم طريق الإخلاص فيه كمن يقدم عليه. غائبه إذا ابتدأ فى تَيْسِير أموره التى يرضاها له ويحلّها به فيقال عند ذلك تبشبش له.

---

١ (والسرور) ف والاشر (عز وجل) ف⁶ ن تعالى ٢ (تعالى) ص ف⁶ ن تبارك وتعالى (راحلته) ف⁶ ن ضالته ٣ (واعلم) على حاشية ف (أصل) ص ن ٤ (الله -١-) ز ف⁶ ن تعالى ٤ و٥ (الله عز ذكره) ن الله⁶ ص ف ٥ (مثيبا) ف⁶ ن مثنيا (والبرّ) ف والشر ٦ (عزّ وجلّ) ف تعالى (لقول الله عزّ وجلّ) ف⁶ ن كما قال تعالى ٧ (ليتوبوا) ز ف⁶ ن ويدل (عزّ وجلّ) ف تعالى ٨ (وان ما) ف وانما (فى -١-) ن من (واذا) ن اذا (كذلك) ن ذلك (أفاد) ف افادنا ٩ (تعالى) ن عز وجل (عن -٢-) ف من (هو) ف لهو ١٠ (انّه لا) ف⁶ ن أهلا (يُسَرَّ) ف يبشر (للشىء) ف⁶ ن بالشى (تيسّر) ف بيسر (الطريق) ز ن اليه (فكذلك) ف وكذلك ١٢ (أيضا) ص ن (البشبشة) ن التشبيه⁶ ف التبشبشة (يقارب معنى) ف تقارب ١٣ (والرضى بما) ف لما (والبشر) ف والتيسير⁶ ن فى التبشبش (تيسّر) ف⁶ ن يتيسر (منه) ص ن (وهشاشة) ف او هشاشة ١٤ (بشّ) ز ف⁶ ن اى ١٥ (عز وجل) ص ف (وطأً) ف⁶ ن وطى⁶ ل وط (الواطئين) ز ف الى (ويسّر) ز ن عليه ١٦ (غائبه) ن غايبة (ابتدأ) ف ابتدى

(٥٩) واعلم أنّ للعرب فى كلامهم استعارات ألا ترى إلى قوله عزّ ذكره فأذاقها الله لباس الجوع الخوف بمعنى الابتلاء والاختبار وإن كان أصل الذوق بالفم. وكذلك تقول العرب ناظِرْ فلان وذق || ما عنده ويقولون (Leipz 34 r) ذق القوس بالنزع ليعلم لينها وصلابتها. كذلك قوله يتبشبش والله أفرح يرجع معناه فى التحقيق الى اظهار* الأفعال المرضية فى من يتوب عليه من المعاصى ويوفّقه للطاعة تشبيها بحال أحدنا إذا ظهر له ما يسرّه ويؤنّسه وان لم يكن ذلك لائقا بالله عزّ وجلّ. وإنّما أريد به التقريب على الإفهام والخطاب المتعارف الجارى بين أهله. ويحتمل أن يكون صلى الله عليه وسلم قصد ذكر هذه الألفاظ *فى التوبة والطاعة والعبادة وحضور المساجد فى الذكر ترغيبا فى المبادرة فى التوبة. وحثّنا على فعلها إذا دعانا إليها بأقرب ما يدعى إلى مثله من الألفاظ ليكثر الدواعى إلى فعلها والمبادرة إليها إذا خاطب أهلها بأبلغ الألفاظ فيها.

(٦٠) ثمّ إنّ وجوه الاستعارات وتحقيق المعانى صحيحة ثابتة عند أهل المعرفة بها فلا يلتبس عليهم ولا يخيّل أنّ المراد هو المعنى الصحيح الذى يجوز عليه جلّ ذكره دون ما لا يجوز. وهذا كسائر ما وصف الله جلّ ذكره به من أوصاف ذاته وفعله ممّا لا يقع مشتركا بينه وبين خلقه. فيكون له منه معناه الذى يصحّ وصفه به ويليق بحكمه ولغيره إذا أجرى عليه نحوه ممّا يجوز عليه. ولا يجب أن يستوحش من إطلاق هذا اللفظ إذا ورد به سمع لأنّ النظر يكشف عن الصحيح من المعنيَيْن والجائز من الحكمَيْن عليه. واللغة لا يمكن دفعها والسمع لا سبيل إلى ردّه إذا صحّ. والنظر المحكم الفاصل بين التخلّط والصواب فيه كسائر الألفاظ المطلقة المشتركة. وما ذكرنا ممّا قيل فى معنى ما ورد من إطلاق لفظ الضحك قريب من هذا المعنى.

---

١ (واعلم) فى حاشية ف (عزّ ذكره) ف٦ ن تعالى ٢ (والاختبار) ن والاحاد (وكذلك) ن ولذلك (ناظر) ف ناطر (فلان) ف فلانا (وذق) ف وذوق ٣ (لينها وصلابتها) ف٦ ن لينه وصلابته (كذلك) ن وكذلك (يتبشبش) ن تبشبش٦ ز ف٦ ن الله (والله) ف٦ ن ولله (اظهار) ص ل ٥ (عزّ وجلّ) ن جل ذكره٦ ف تعالى (التقريب) ف٦ ن التقرب ٦ (صلى الله عليه وسلم) ف عليه السلام (ذكر) ف٦ ن بذكر (فى التوبة... - ٧ - المبادرة) ص ل (والعبادة) ص ن ٧ (فى الذكر) ن والذكر (وحثّنا) ف٦ ن وحثا (دعانا) ف٦ ن دعى (مثله) ن فعله ٨ (ليكثر) ن لتكثر (إلى) ف على ٩ (صحيحة ثابتة) ف٦ ن صحيح ثابت ١٠ (الذى يجوز) ن ويجوز (جلّ ذكره) ص ف (جل ذكرّه - ٢ -) ن جل ثناوه٦ ف تعالى ١١ (لا) ص ف٦ ن (يصحّ) ز ف٦ ن فى ١٢ (به) ص ف٦ ن (ولغيره) ف وكغيره (أجرى) ف جرى (نحوه ممّا) ف نحوه وماو ن نحو ما (إطلاق) ن اختلاف٦ ز ف٦ ن مثل ١٣ (اذا) ف ان ١٤ (التخلّط) ف٦ ن الخطا ١٥ (وما) ف ومما (ممّا قيل) ف من قبل (الضحك) ز ف٦ ن هو

ذكر خبر آخر ممّا يقتضى التاويل

Leipz 31 r 18
Leid 21 v 6
Vat 47 r 17

(٦١) وممّا يشاكل هذا الباب ممّا يقتضى الفاظا رويت فى أخبار مختلفة عن النبى صلى الله عليه وسلم انّه قال عجب ربّكم من شابّ ليست له صبوة وفى خبر آخر عجب ربّكم من ألّكم وقنوطكم — وقد قرأ بعض القرّاء بل عَجِبْتُ بضمّ التاء وروى عن النبى صلى الله عليه وسلم عجب ربّنا من قوم يقادون الى الجنة بالسلاسل وروى أيضا انه قال صلى الله عليه وسلم ثلاثة يعجب الله اليهم القوم إذا اصطفّوا فى الصلاة والقوم إذا اصطفّوا لقتال المشركين ورجل يقوم الى الصلاة فى جوف الليل || وروى أبو هريرة انّ رجلا نزّل ضيفا برجل من الأنصار فقال لامرأته تعالَىْ حتّى نطوى هذه الليلة لضيفنا. إذا وَضَعْتِ الطعام بين يديه فأطفئ المصباح حتى يأكل وحده قال ففعلتُ ذلك وغدوت الى رسول الله صلى الله عليه وسلم فقال صلى الله عليه وسلم لقد عجب الله من صنعكما البارحة فأنزل الله عزّ وجلّ فيهما ويُؤْثرون على أنفسهم ولو كان بهم خَصاصة.

Leipz 35 v

(٦٢) الجواب عن ذلك اعلم انّ أصل معنى التعجّب إذا استعمل فى أحدنا فالمراد به أن يرهقه أمر يستعظمه ممّا لم يعلمه. وذلك لا يليق بالله سبحانه. وإذا قيل فى صفته تعالى عجب أو تعجّب فالمراد به أحد شيئين إمّا أن يراد به ممّا عظُم قدر ذلك وكبّره لأنّ المتعجّب معظّم لما يتعجّب منه. ولكنّ الله سبحانه لما كان عالما بما كان وما يكون لم *يلق به أحد الوجهين الذى يقتضى استدراك علم بما لم يكن به عالما. فبقى أمر التعظم والتكبير فى الصلوات وعند أهله أو يراد بذلك الرضى له والقبول لأجل أن من أعجبه الشىء فقد رضيه وقبله ولا يصحّ أن يعجب ممّا يسخطه ويكرهه. فلمّا أراد النبى صلى الله عليه

---

١ (ذكر... التاويل) ص ف، خلا سطر احد (التأويل) ز ن ويوهم ظاهره التشبيه ٢ (مما يقتضى) ن يقتضى اليأويل، ف ايضا (الفاظا) ف، ن الفاظ ٣ (ليست) ف ليس (ألكم) خلا فى نسخة ن ما يحتاج اليه من مكان هذا اللفظ (وقد... ٤ القراء) ف وفى بعض القراات ٤ (وروى) ز ف، ن أيضا (وسلم) ز ف انه قال ٥ (أنّه قال) ن انه، ف عنه (وسلم) ز ف أنه قال ن قال ٦ (لقتال) ف لقتل ٧ (هذه) ص ف (أذا) ف، ن فاذا ٨ (فإطعئ) ف فاطف (ذلك) ز ف قال ٩ (فقال... وسلم -٢-) ص ن (فقال) ز ف رسول الله (صنعكم) ف، ن صنيعكم (عزّ وجلّ) ص ف ١١ (الجواب عن ذلك اعلم) ن، فى حاشية ف تأويل ذلك اعلم (به) ص ف (يرهقه) ف، ن يدهمه ١٢ (وذلك) ف، ن مما (سبحانه) ف تعالى (صفته تعالى) ف وصف الله، ن صفة الله تعالى ١٣ (به -٢-) ن انه ١٤ (وما يكون) ف، ن ويكون (يلق) ل يليق (بما) ف ما ١٥ (به) ص ف (أمر) ص ن (التعظّم) ف التعظيم به، ن تعظيم (الصلوات) ف، ن القلوب (وعند) ف، ن عند (او يراد) ن ويراد ١٦ (النبى) ص ف، ن (صلى الله عليه وسلم) ف عليه السلام

وسلم تعظيم أقدار هذه الأفعال فى القلوب أخبر عنها باللفظ الذى يقتضى التعظيم حثّا على فعلها وترغيبا فى المبادرة إليها.

(٦٣) فأمّا قوله تعالى فى قراءة من قرأ بَل عَجِبْتُ بضمّ التاء فتأويله على أحد وجهَيْن إمّا أن يراد به أنّه جازاهم على عجبهم لما أخبر عنهم انّهم عجبوا من الحقّ لمّا جاءهم وقالوا هذا شىء عجيب. وهذه الطريقة للعرب معروفة فى تسمية جزاء الشىء باسمه كما قال القائل

فَنَجْهَلُ فَوْقَ جَهْلِ ٱلْجَاهِلِينَا

وكما قال تعالى فاعتدُوا عليه وكما قال وجزاء سيّئة سيّئة مثلها فسمى الثانى بأسمائها.

(٦٤) والوجه الآخر أن يراد به النبى صلى الله عليه وسلم وطريقة ذلك على ما مضى بيانه قبل فى أنّه يذكر وليّه خصيصا ويكون الخبر عن نفسه. والمراد به هو كقوله مرضت فلم تعدنى وكقوله تعالى إنّ الذين يُؤْذُونَ الله وكقوله فلمّا آسفونا والمعنى أنّهم أغضبوا أولياءنا.

(٦٥) وقد أنكر منكرون هذه القراءة قال شقيق *قرأت عند شُرَيْح بل *عجبتَ فقال إنّ الله تعالى لا
Leipz 35 r يعجب من شىء إنّما يعجب || من لا يعلم قال فذكرت ذلك لإبراهيم فقال إنّ شريحا شاعرا يعجبه علمه وعبد الله بن مسعود أعلم منه وكان يقول بل عجبت بضمّ التاء.

(٦٦) وقال بعض أهل اللغة تقدير معناه قل يا محمد بل عجبت أنا من قدرة الله تعالى فأُضْمِرَ لدلالة الكلام عليه. ومثله ما قال الشاعر

قَدْ عَلِقَتْ أُمُّ ٱلْخُبَانِ تَدَّعِى عَلَىَّ ذَنْباً كُلَّهُ لَمْ أَصْنَعِى
مِنْ أَنْ رَأَتْ رَأْسِى كَرَأْسِ ٱلْأَقْرَعِ مَيَّزَ عَنْهُ قُنْزُعاً مِنْ قُنْزُعِى
مَرَّ ٱللَّيَالِى *أَبْطِئِى وَأَسْرِعِ

أراد أن يقول لها أبطئى وأسرع فأضعر لدلالة الكلام عليه.

---

٤ (شىء) ز ف٢ ن عجاب هذا شى ٥ (للعرب) ن العرب (القائل) ن الشاعر٢ ز ف٢ ن أَلَا لَا يَجْهَلَنْ أَحَدٌ عَلَيْنَا ٧ (وكما - ١ -) ف٢ ن كما (عليه) ز ف٢ ن بمثل ما اعتدى عليكم [(ن اعتدى) ف اعتدا] (الثانى) زف مثلها (بأسمائها) ف٢ ن باسمها ٨ (الآخر) ف٢ ن الثانى (على) ز ف٢ ن نحو ٩ (خصيصا) ف٢ ن وخصيصه (والمراد به) ص ن (تعالى) ص ف ١٠ (الله) ز ف٢ ن٢ ورسوله (وكقوله) ز ن تعالى (آسفونا) زف انتقمْنا منهم (أنّهم) ص ف٢ ن ١١ (قرأت) زل قرات (عجبتَ) ل٢ ن عجبتُ (فقال) ف قال ١٢ (لإبراهيم) ف٢ ن لابرهيم (شاعرا) ف٢ ن شاعر ١٣ (يقول) ف٢ ن يقرأ (عجبت) ن عجبتَ (!) ١٤ (اللغة) ز ف٢ ن ان (فأضمر) زف القدرة ١٥ (ما قال) ف قول ١٦ (ذنبا) ف دين (أصنعى) ن اصنع ١٧ (من) ف لمَا (ميّز عنه) ف مُتَرْعَنَةٌ (قنزعا) ف قُنْوَعا (قنزعى) ن قنزع٢ ف قُنْوَعى ١٨ (مر) ف من (أبطئى) ف٢ ن ابطى٢ ل ابطاى ١٩ (أن يقول) ف يقال (واسرع) ف٢ ن واسرعى (وأسرع) ف واسرعى

* * * * *

Leipz 35 r 8
Leid 21 r 6
Vat 49 v 8

ذكر خبر آخر ممّا يقتضى التاويل

(٦٧) وذلك ممّا روى عن النبى صلى الله عليه وسلم قال لا تسبّوا الريح فإنّها من نفس الرحمن وروى فى خبر آخر وهو ما روى عنه صلى الله عليه وسلم أنّه قال إنّى لأجد نفس ربّكم من قبل اليمن وروى فى لفظ آخر أنّه قال هذا نفس ربّى أجده بين كتفَىّ أتتكم الساعة.

(٦٨) تأويله اعلم انّ النفس فى كلام العرب قد يستعمل على معنى التنفّس وقد يستعمل أيضا على معنى التنفيس. فأمّا الذى فى معنى التنفّس فهو فى قولهم نفس منفوسة إذا كان مجوفا يتنفّس يخرج منه النفس *شيئًا بعد شىء. وليس المراد بالخبر عن ذلك لاستحالة التنفّس على الله من قبل أنّه ليس بأجزاء متبعضة ولا بأجسام متغايرة. وكيف يدّعى الجسمية المشبّهة أنّ ذلك على معنى التنفّس وعندهم أن تأويل الصمد المصمت الذى ليس بأجوف وانّما التنفّس يجىء من أجوف. فاذا *لم يكن التنفّس كان بمعنى التنفيس. وذلك معروف فى قولهم نفّست عن فلان أى فرّجت عنه وكلّمت زيدا فى التنفيس عن غريمه. ويقال نفّس الله عن فلان كربه أى فرّج عنه. وفى الخبر من نفّس عن مكروب كربه من المؤمنين نفّس الله عنه كربه يوم القيامة.

(٦٩) فأمّا معنى قوله صلى الله عليه وسلم إن الريح من نفس الرحمن فمعناه على هذا الوجه انّ الريح ممّا يفرّج الله بها ويروح بها عن المكروب والمغموم. وقد روى فى الخبر انّ الله سبحانه فرّج عن نبيّه صلى الله عليه وسلم بالريح يوم الأحزاب فقال سبحانه فأرسلنا عليهم ريحا وجنودا لم تروها. || ومن الكلام المتداول فى العرف العادة بلا تدافع بين أهل اللسان قولهم اعمل وأنت فى نفس من أمرك أى وأنت فى فسحة. من الهرم والمرض وأشباه ذلك من الحوادث والريح ممّا يفرّج بها الكرب. Leipz 36 v

---

١ (خبر) ف حديث (ممّا) ص ف (التأويل) زف٦ ن ويوهم بظاهره التشبيه ٢ (ممّا) ف٦ ن ما (وسلم) ز ف٦ ن أنه ٣ (فى خبر... ما روى) ص ن (خبر) ف لفظ (صلى الله عليه وسلم) ن عليه الصلاة والسلام ٤ (لفظ) ف خبر (أتتكم) ن إياكم٦ ف أتاكم ٥ (تأويله) ف٦ ن تاويل ذلك (وقد يستعمل) ف٦ ن ويستعمل ٦ (الذى) ن التى ٧ (شيئًا) ل شى (عن) ص ف٦ ن (التنفّس) ف النفس (الله) ز ف تعالى٦ ز ن عز وجل ٨ (بأجسام) ف٦ ن أجسام (يدعى) ف يُدَّعَى ٩ (وعندهم) ف عندهم (لم يكن بمعنى التنفس كان)٦ ل لم كان التنفس ٦ وفى ل غلط لانه كُتب كان فوق لم ١٠ (عن فلان) ص ف ١٢ (كربه من المؤمنين) ف٦ ن من المومنين كربة (كربه -٢-) ف كربته (القيامة) ف٦ ن القيمة ١٣ (ان) ص ف٦ ن ١٤ (يفرّج) ف فرج (الله) ز ن عز وجل (والمغموم) ف والمهموم (سبحانه) ف تعالى ١٥ (صلى الله عليه وسلم) ن عليه السلام (بالريح) ف بريح٦ ص ن (سبحانه) ف تعالى٦ ن عز وجل (ومن الكلام) ف٦ الكلام ١٦ (أى) ص ف ١٧ (فسحة) ف فسح (من) ف٦ ن قيل (يفرج) ز ف٦ ن الله

(٧٠) ومن نفس الريح أنها اذا هبّت فى البلد الحارّ والهواجر اذهبت الوبأ وأطابت للمسافر المسير واذا هبّت فى بعض الأوقات أنشأت السحاب وإذا هبّت فى بعضها ألقحت الأشجار بإذن الله. وذلك قوله عزّ وجلّ وأرسلنا الرياحَ لَوَاقِحَ. وكانت العرب تقول إذا كثرت الرياح كثر الخصب والخير وإذا تنسّم الريح العليل او محزون وجد لتنسيمها خفّة وفرج ممّا يجد. وتنشدون فى ذلك قول الشاعر

لِأَنَّ ٱلصَّبَا رِيحًا إِذَا مَا تَنَسَّمَتْ عَلَى قَلْبِ مَغْمُومٍ تَجَلَّتْ هُمُومُهَا

وقال بعض العرب هجمت على بطن *واد بين جبلين فما رأيت واديا أخصب منه. وإذا وجوه أهله مهبّجة وألوانهم مصفّرة. فقلت لهم واديكم أخصب واد وأنتم لا تشبهون أهل الخصب. فقال لى شيخ منهم ليس بنا ريح. *وهذا ممّا يبين أنّ الله عزّ وجلّ جعل فى مهبّ الريح نفسا على معنى التنفيس والتفريج عن الكرب والهموم المشتملة على القلوب. وقرن بمهبّ بعضها الخير والصلاح للأجساد والأبدان.

(٧١) فعلى هذا يتأوّل قوله أنّ الريح من نفس الرحمن أى ممّا جعل الله فيها التفريج والتنفيس والترويح. والاضافة من طريق الفعل والمعنى أن الله عزّ وجلّ جعلها كذلك وقرن التنفيس فيها.

(٧٢) فأمّا قوله إنّى لأجد نفس ربّكم من قبل اليمن فمعناه إنّى لأجد تفريج الله عزّ وجلّ عنى وتنفيسه عن كربى بنصرته إيّاى من قبل أهل اليمن. وذلك لمّا نصره المهاجرون نفس الله عن نبيّه عليه السلام ما كان فيه من أذى المشركين وقتلهم الله على يدى المهاجرين من أهل اليمن والانصار. وكان صلى الله عليه وسلم كثيرا ما كان يمدح أهل اليمن وروى عنه صلى الله عليه وسلم أنّه قال الإيمان يمانٍ والحكمة يمانية.

---

١ (أنها) ص ن (اذهبت الوبأ) ف اذهبته ٢ (الله) ز ن تعالى (عزّ وجلّ) ف٦ ن تعالى
٣ (كثرت) ف٦ ن كثر ٤ (العليل) ف٦ن عليل (لتنسيمها) ن بنسيمها٦ ف لنسيمها
(وفرج) ف٦ن وفرجا (وتنشدون) ف٦ ن وينشدون ٥ (لأنّ) ف٦ ن فان (ريحا) ف٦ ن ريح
(مغموم) ف٦ ن مهموم ٦ (واد) ل وادى (اهله) ن اهليه ٧ (مهبّجة) ف مهجبة ٨ (بنا)
ف٦ ن لنا (هذا) ل هاذا (عزّ وجلّ) ف٦ ن تعالى (فى) ص ف٦ ن (الريح) ف الرياح
١٠ (هذا يتأوّل) ف تاويل (قوله) ز ف عليه السلام (أى) ف اذ هى٦ ز ن هى (والتنفيس)
ز ف عن المهموم ١١ (عزّ وجلّ) ف تعالى (جعلها) ف جعل ذلك (فيها) ف٦ ن بها
١٢ (فأمّا) ف٦ ن وأما (قوله) ز ن صلى الله عليه وسلم (عزّ وجلّ) ص ف٦ ن ١٣ (المهاجرون)
ز ف٦ ن والانصار (عليه السلام) ن عليه الصلاة والسلام٦ ف صلى الله عليه وسلم
١٤ (يدى) ف ايدى

(٧٣) فأمّا قوله صلى الله عليه وسلم هذا نفس ربى أجده بين كتفى أتتكم الساعة فمعناه أنّ هذا الذى فرّج الله ربّى عنى بما توجيه الّى الساعة فصرف به همومى وغمومى وكشف عن قلبى وسرّى عن فؤادى. وذلك ما كان يجده عليه السلام فى مستقبل أوقاته من زوائد روح اليقين وفوائد التعريف والألطاف التى يجدد الله عزّ وجلّ له عليه السلام فسمّى ذلك نَفَس الربّ لأنّه هو الذى نفّس به عنه || والإضافة من طريق الملك والتدبير. Leipz 36 r

(٧٤) وإذا احتمل لفظ النفس التنفّس والتنفيس وكان التنفّس من صفات الأجوف والأجوف لا يكون إلّا أجساما متلاصقة على صفة مخصوصة وذلك لا يليق بالله عزّ وجلّ وجب أن يحمل على معنى التنفيس الذى هو التفريج عن الكرب والهموم.

فصل آخر فى تاويل ما روى فى النفخ

Leipz 103 r 16
Leid 74 r 13
Vat 148 r 2

(٧٥) وهو ما ذكره فى قوله عزّ وجلّ فادا سويته ونفخت فيه من روحى وقال فنفخنا فيه من روحنا وروى قُتادة عن أَنَس قال قال رسول الله صلى الله عليه وسلم يجمع النّاس يوم القيمة فيهيمون لذلك فيقولون لو شفعَنا على ربّنا حتّى يريحنا من مكاننا هذا فيقولون *يا آدم أنت الذى خلقك الله بيده ونفخ فيك من روحه وعن أبى سَلَمة عن أبى هريرة أنّ رسول الله صلى الله عليه وسلم قال لقى آدم موسى صلى الله عليهما فقال له موسى أنت آدم الذى خلقك الله بيده وأسكنك جنّته وأسجد لك ملائكته ونفخ فيك من روحه لم فعلت ما فعلت. وذكر الحديث.

(٧٦) الجواب عن ذلك اعلم انّ ما يوصف الله جلّ ذكره به من نفخ الروح فالمراد به خلقه للروح فيمن يخلقه فيه. وأفعال الله جلّ ذكره *غير واقعة على طريق المباشرة والتولّد بل أفعاله كلّها ابتداء اختراع

---

١ (صلى الله عليه وسلم) ص ن (أتتكم) ف اتاكم (هذا) ز ف، ن هو ٢ (فرّج) ف، ن يفرح (ربّى) ن بى، ف به (توجيه) ف، ن يوحيه (همومى وغمومى) غ ف، ن ٣ (عليه السلام) ف، ن صلى الله عليه وسلم ٤ (يجدد) ف يجدد، يجده (عز وجل) ص ف (عليه السلام) ص ف، ن (نفّس) ف ينفس ٧ (متلاصقة) ز ف، ن وأجزاء ملتيمة (صفة) ف وجوه، ن وجوه، وجه (عزّ وجلّ) ف، ن تعالى (وجب) ف فوجب ١٠ (عزّ وجلّ) ف تعالى ١١ (وروى) ف، ن وعن (يجمع) ز ف، ن الله ١٢ (فيهيمون) ن فيهتمون (هذا) ز ف فياتون آدم صلى الله عليه وسلم، ن فياتون ادم عليه السلم (يا آدم) ل يادم ١٤ (صلى الله عليهما) ز ن وسلم، ف عليه السلام ١٥ (ملائكبه) ن الملائكة (الحديث) ز ن فى ١٦ (يوصف) ف وصف (جلّ ذكره) ف تعالى، ن عز وجل (نفخ) ص ف (خلقه) ف لقه ١٧ (جل ذكره) ف تعالى (غير... - ٣٧, ١ - جلّ ذكره) ص ل (على) ز ف غير (المباشرة) ز ن وافعال الله جل ذكره غير واقعة على طريق المباشرة

من قبل الله جلّ ذكره لا تقتضى تغيّر المخترع له ولا حدوث شىء منها فيه. فأمّا إضافة الروح اليه ومعناه وفائدته تخصيص وتشريف لأنّ المذكور قد يخصّ بالذكر تشريفا له وان كان غيره فى معناه كما قيل بيت الله وناقة الله وعبد الله تخصيصا بالذكر من جملة المسمّيات إبانة للفضل وإمارةً له يبيّن بها عما سواه للتنويه بذكره والرفع من حاله. وعلى هذا الوجه أضاف روح عيسى عليه السلام إليه فقال روح الله. وذلك أحد وجوه إضافات مما معناه لا يخرج عن الملك والخلق والتدبير وذلك لاستحالة الإضافة إليه من طريق المجاورة له والتغيّر به لاستحالة أن يكون تعالى جسما أو جوهرا فيتغير بما يحدث فيه أو يجاور مجاورا [فعلى ذلك قربت هذه الأبواب إن شاء الله.]

---

١ (جل ذكره) ف تعالى (تقتضى) ف[٢] ن بمقتضى (المخترع) ف المخرع (له) ن لها[٢] ف به (فأمّا... -٢- وتشريف) ص ف ٢ (وفائدته) ز ن فهو (وتشريف) ن تشريف (المذكور) ز ف فيه ٣ (للفضل) ن بالفضل (يبين بها عما) ص ن[٢] ف (للتنويه) ف للتروية ٤ (أضاف) ن اضافة (إليه) ص ف (فقال) ف وقال ٥ (والخلق) ز ف[٢] ن القدرة ٦ (تعالى) ص ف[٢] ن (مجاورا) ز ف تعالى عن ذلك[٢] ز ن تعالى ذلك (ذلك) ف[٢] ن هذا (قربت) ف فرتب[٢] ن ؟ قابل ص' ٣٩ س' ٥ (إن شاء الله) ص ف[٢] ز ن عز وجل

Leipz 104 v14
Leid 75 v 13
Vat 149 v 4

فصل آخر

(٧٧) من الكلام على من قال إنّ ما روينا من هذه الأخبار وذكرنا من أمثال هذه السنن والآثار ممّا لا يجب الاشتغال بتأويله وتخريجه وتبيين معناه وتفسيره.

(٧٨) اعلم ان أوّل ما فى ذلك أنّا قد علمنا أنّ النبى صلى الله عليه وسلم إنّما خاطبنا بذلك ليفيدنا وأنّه خاطبنا على لغة العرب بألفاظها المعقولة فيما بينها والمتداولة عندهم فى خطابها. فلا يخلو من أن يكون قد أشار بهذه الألفاظ الى معانٍ صحيحة مفيدة أو لم يشر بذلك الى معنى. وهذا ممّا يجلّ عنه صلى الله عليه وسلم أن يكون كلامه يخلو من فائدة صحيحة ومعنى معقول. وإذا كان كذلك ولا بدّ أن يكون لهذه الألفاظ معانٍ صحيحة فلا يخلو أن يكون الى معرفتها طريق أو لا يكون الى معرفتها طريق. وإن لم يكن الى معرفتها طريق وجب أن يكون تعذّر || ذلك لإجل أنّ اللغة التى خاطبنا بها غير مفهوم المعنى ولا معقول *المراد والأمر بخلاف ذلك. *فاعلم أنّه لم *يبهم على المخاطبين من حيث أراد بهذه الألفاظ غير ما وضعت له أو ما يقارب معانيها ممّا لا يخرج عن مفهوم خطابها. واذا كان كذلك كان تعرّف معانيها ممكنا والتوصّل الى المراد به غير متعذّر. *فاعلم أنّه ممّا لا يمتنع الوقوف على معناه ومغزاه وانّ لا معنى لقول من قال إنّ ممّا لا يفهم معناه. ألو كان كذلك لكان خطابه خلّواً من الفائدة وكلامه معرّى عن مراد صحيح. وذلك ممّا لا يليق به صلى الله عليه وسلم.

Leipz 104 r

---

٤ (خاطبنا) ن خاطب ٥ (والمتداولة) ف[6] ن المتدالة (خطابها) ز ف بينهم (يخلو) وفى كل النسخ يخلوا ٦ (بهذه) ف فى هذه (معان) ن[6] ف معانى (بذلك) ف به (يجلّ) ن يجل (صلى الله عليه وسلم) ص ف ٧ (يخلو) وفى النسخ يخلوا (ولا) ف فلا (لهذه. . ٨ يكون... يكون... ٩ يكون) ص ن ٨ (معان) وفى النسخ معانى (يخلو) وفى النسخ يخلوا (يخلو) ز ف[6] ن اما (أو... طريق... ٩ طريق) ص ف ٩ (لاجل أن) ن لاجل[6] ف لان (مفهوم) ف[6] ن مفهومة (معقول) ف مقولة ١٠ (المراد) مقوض فى ل (فاعلم) فى النسخ فعلم (يبهم) لعلى هكذا[6] ن يهم[6] وفى النسختين ل[6] ف خلل ما خلا أن يرى ياء وميم فى ف ١١ (واذا) ن ان ١٢ (متعذّر) ف متعدر (فاعلم) فى النسخ فعلم (يمتنع) ف يمنع (معناه) فى النسخة ف خلل (إنّ) ز ف[6] ن ذلك ١٣ (ألو) ف لو[6] ن اذ لو (كذلك) ف[6] ن ذلك (مراد) ف معنى ٤ (صلى الله عليه وسلم) ص ف[6] ن

(٧٩) سؤال فإن قيل ألستم تقولون فى متشابه القرآن *انّه ممّا لا يوقف على معناه وإن كان على لغة العرب ولا بدّ فيه مع فائدة قيل فيه جوابان من أصحابنا من قال إنّ فى متشابه القرآن ما لا يعلم تأويله إلّا الله جل ذكره والراسخون فى العلم يقولون آمنّا به ولا نعلم تأويله فإنّ الله سبحانه هو المخصوص بمعرفة تأويله ولكنّ *فائدته التلاوة التى هى الطاعة وهى مندوب إليها مثاب على فعلها. ومنهم من قال إنّه لا متشابه فى القرآن إلّا والراسخون فى العلم يعرفون تأويله وإنّ قوله والراسخون فى العلم معطوف على قوله الا الله. فعلى ذلك يسقط هذا السؤال.

(٨٠) سؤال آخر فإن قيل أليس معانى هذه الألفاظ التى وردت فى هذه الآثار وإذا حملت على المعقول فيما بيننا لم يصحّ فى وصف الله جلّ وعزّ وإذا أخرجت عن معانيها المعقولة *فيتأدّى الى أن يكون على حسب اللغة وأن يكون ذلك ممّا يختصّ بعلم الله سبحانه قيل إنّ معانيها معقولة على حسب ما يصحّ فى وصف الله جلّ وعزّ *محمولة على ذلك وسبيلها كسبيل سائر الأوصاف التى وردت فى الكتاب من ذكر الله عزّ وجلّ بالنعوت التى حصل فيها النصوص والتوقيف. وكان معانيها معقولة ومرتّبة على حسب ما نزّلتها العقول على حسب اختلاف الموصوفين بها بعد أن لا تخرج عنه حقائقها وحدودها واحكامها اللازمة لها. ‖ ولو وجب الوقف فى معانى ألفاظ هذه الآثار الواردة فى وصف الله عزّ وجلّ لأجل ما قالوا لَلَزِمَ الوقفُ فى سائر وصف الله سبحانه ممّا ورد فى آى الكتاب لمشاركتها لهذه الاخبار فى مثل هذا المعنى فلمّا لم يجز ذلك وكان سائر ما ورد فى وصف الله سبحانه محمولا على ما يصحّ غير متوقّف فى معناه فكذلك سبيل هذه الألفاظ التى وردت فى هذه الآثار. Leipz 105 v

(٨١) سؤال آخر فإن قيل إنّكم لا توجبون العلم والقطع بأمثال هذه الأخبار لأنّها آحاد وما فى معناها فكيف تجمعون بينها وبين ما فى الكتاب

١ (انّه) ص ل (ممّا) ص ف (على لغة) ن بلغة ٢ (ولا) ف لا (قال ان) ف قال⁶ ن قال قال
٣ (جلّ ذكره) ص ف⁶ ن (فإنّ) ف⁶ ن لان (سبحانه) ن عز وجل⁶ ص ف ٤ (فائدته) ل فايده
٥ (يعرفون) ف⁶ ن يعلمون ٦ (ذلك) ف هذا (يسقط هذا) ف⁶ ن سقط (السؤال) ز ف راسا
٧ (سؤال) ن فصل ٨ (بيننا) ن بتيننا (جلّ وعزّ) غ ن⁶ ف تعالى (وإذا) ن اذا (فيتأدّى) ن يتادّى⁶ ل فيتادى (أن) ز ف⁶ ن لا ٩ (مما) ز ف لا (سبحانه) ف تعالى⁶ ن عز وجل
١٠ (جل وعز) غ ن⁶ ف تعالى (محمولة) ل محمول ١١ (عزّ وجلّ) غ ن⁶ ف تعالى (وكان) ف⁶ ن وكانت
١٣ (عنه) ف⁶ ن عن ١٣ (ولو) ف فلو (الآثار) ف الأخبار (عزّ وجلّ) ن جل ذكره⁶ ف تعالى
(قالوا للزم) ف قالوه لزم ١٤ (وصف الله) ف وصفه (سبحانه) ف⁶ ن تعالى (فى) ف⁶ ن من
١٥ (وصف الله سبحانه) ف⁶ ن وصفه ١٦ (غير متوقف) ف غيره ١٦ (سبيل) ن سائر ١٧ (سؤال) ن فصل
١٨ (فكيف) ف وكيف

(٨٢) قيل طريق الجمع بينهما من وجه واحد وهو أنّه ممّا أطلق فى وصف الله جلّ ذكره وله معنى صحيح معقول ان كان احدهما مقطوعا به والاخر مجوزا وليس لاختلافهما فى طريقهما ما يوجب اختلاف حكمتهما فى جواز الإطلاق وحمل معانيها على الوجه الصحيح.

(٨٣) سؤال آخر فان قيل فاذا لم يكن خبر الواحد موجبا للاعتقاد والقطع وليس فى هذه الأخبار عمل فيقتضى ذلك منها لجنسه فعلى ما ذا تحملوها

(٨٤) قيل إنّها وان لم تكن موجبة للقطع مقتضية للعلم فإنّها مجوزة مفيدة وقد يفيد الخبر التجويز من جهة إطلاق اللفظ وقد يفيد ذلك من طريق القطع والاعتقاد. فإذا كان طريقه تواترا وإجماعه ظاهرا أو كتابا ناطقا فانّه يقتضى الاعتقاد والقطع بجنسه. وإن كان ذلك مستندا الى إخبار آحاد عدول ثقات كان الحكم به على الظاهر واجبا من طريق التجويز ورفع الاحالة وان لم يكن فيه القطع والاعتقاد. فلذلك رتبنا هذه الاخبار على هذه الوجوه التى ذكرناها.

(٨٥) واعلم أنّه إذا كان لا بدّ من قبول أخبار العدول ولا بدّ أيضا من أن يكون لكلام الرسول عليه السلام الأثر والفائدة وكان التوقيف فيما يكون معرفة معناه فلا وجه له وكان تعطيل هذه الأخبار لأجل توهّم تعذّر تخريجها وترتيبها لا وجه له وكان بعضهم ممّن يتوهّم أن لا سبيل إلى تخريجها يذهب الى إبطالها وبعضهم يذهب الى إيجاب التشبيه بها وبعضهم يذهب الى إخلائها من معانٍ صحيحة وجب أن يكون الامر فيها على ما قلنا ورتبنا وأن يكون أوهام المعطّلين من الملحدة والمبتدعين والمشبّهين لله تعالى بخلقه فاسدة باطلة وأن يكون معانى هذه الآثار صحيحة معقولة على الوجه الذى رتبناها وبيّنّاها. وبطل توهم من يدعى أن ذلك ممّا لا يجوز تأويله ولا يصحّ تفسيره ووجب أيضا أن يكون معنى قول من قال بإمرارها

---

١ (ممّا) ن لما (جل ذكره) ن عز وجل، ف تعالى (وله) ن فله ٢ (ان) ف وان، ن واذا (لاختلافهما) ن لاحد فيهما (يوجب) ف، ن يجب ٣ (حكمتهما) ف، ن حكميهما (معانيها) ف معنيهما، ن معانيهما ٤ (سؤال آخر) ن فصل اخر، ص ف (فاذا) ف واذا ٥ (فيقتضى) ف، ن دقتضى (لجنسه) ف، ن بجنسه (تحملوها) ف تحملونها، ن تحملونها وانها ٦ (للقطع) ز ف، ن بها (فإنّها) ن وانها (مفيدة) ن لها مغلبة، ف مغلبة (التجويز) ص ن ٧ (إطلاق) ف، ن الاطلاق (فإذا) ن واذا (تواترا) ف متواترا، ن موادرا (وإجماعه) ف، ن او اجماعا (أو كتابا) ف وكتابا ٨ (وإن) ن واذا (عدول) ف وعدول (به) ف، ن بها ٩ (فيه) ف، ن فيها (فلذلك) ف ولذلك، ن فكذلك ١٠ (هذه الوجوه) ن هذا الوجه ١١ (من - ٢ -) ص ف، ن (لكلام الرسول) ف الكلام للرسول (عليه السلام) ف، ن صلى عليه الله وسلم ١٢ (الأثر) ف فى الاثر (التوقيف) ف، ن التوقف (فلا) ف، ن لا ١٣ (ممّن) ص ف ١٤ (بها) ص ن (معانٍ) ف معانى ١٥ (الملحدة) ف، ن الململحدين ١٦ (صحيحة) ف الصحيحة (الوجه) ف الوجوه

على ما جاءت محمولا على أنّه لا يزاد فيها ولا ينقص منها لئلّا يودّى الى وقوع الغلط فيها وخاصّة إذا خاض فى تأويلها من لم يكن *بها أهل ولم يكن له دربة بطريق التوحيد ومعرفة الحق فيها.

(٨٦) [فلذلك حملنا هذا القول على هذا المعنى من قائله وإن لم يكن أراد ذلك فإنّا بيّنّاه لنوضّح بطلان ما قاله ونصحّح ما قلناه.

فعلى ذلك يرتب ان شاء الله.]

---

١ (جاءت) ن جاز ٢ (يكن -١-) ن تكن (بها اهل ولم يكن) ص ل (ومعرفة) ن ومعنى ٣ (فلذلك ف ولذلك؟ ن كذلك (قائله) ف تاويله (وان) ن واذا ٥ (يرتب) ف؟ ن فلترتب (الله) ز ل وبالله توفيق وصلى الله على نبيّه محمد وآله وسلّم سلاما كثيرا بسم الله الرحمن الرحيم

كمل كتاب المشكل من اوّله الى آخره والحمد لله ربّ العالمين فخطّ صاحبه مخلوب المؤدّب بن عثمن اللوانى نفعه الله به وعلّمه ما فيه رحم الله من دعا له بالجنّة والنجاة من النار امين اللّهمّ امين وكان الفرغ منه يوم السبت وقد بقى من ذى الحجّة سبعة أيّام سنة تسع وخمسين وأربعمائة حسبنا الله ونعم الوكيل.

قال بعض الحكماء ثلاثة تذهب بحلاوة الإيمان من القلب الاشتغال بالشعر وإدمان على المُسْكر والخمر ومحبّة الغناء واستماعه. قال وكان بكر بن عبد الله يقول اجتهدوا فى عمل الاخرة وان قصر بكم الصعف فكفوا عن المعاصى. وفى بعض الحديث ضيقى تفترحى. يا مالك يوم الدين إيّاك نعبد وإيّاك نستعين؟

ز ف تعالى والله الموفق بمنه وكرمه ومنه نجز الكتاب بحمد الله وعونه واحسانه وتاييده والصلاة على محمد نبيه واله وصحبه وسلم تسليما كثيرا وحسبنا الله ونعم الوكيل؟

ز ن عز وجل وهو اخر القول فى كتابنا بسم الله الرحمن الرحيم كدا وحد اخر هذا الكتاب بسمله اخر كتاب التكلم على الاحديث التى ظاهرها التسبيه الحمد لله الذى هدانا لهذا وما كنا لمهدى لولا ان هدانا الله سبحانك اللهم وبحمدك لا اله الا انت نستغفرك ونتوب اليك اللهم صلى على محمد وعلى اله وازواجه ودريته وصحبه وتبعه وسلم تسليما كثيرا الى يوم الدين والحمد لله رب العالمين وقع الفرغ منه فى الخامس على العشرين (؟) من ذى القعدة الحرام من سنة احد وثمانين وثمانى مئة من الهجرة النبوية ولله الحمد والمنة وصلى الله وسلم على سيدنا محمد واله وصحبه اجمعه.

******

فهرست لغات واصطلاحات

ا

اداة (١) (٣٧)
اهل الجرح والتعديل (٣٨)
اهل النظر والتحقيق (٨)
اهل النقل (٩) (٣٨)
تأويل (٥) (٨) (٣٣) (٣٤)

ب

برهان (٣)
مباينة (١٣)
متباين (٣٦)

ت

اتباع (٨)

ج

جرح (٣٦) (٣٧)
جارحة (١) (٣٧)
جزاء الشىء باسمه (٦٣)
اجماع (٢٩)
الجملة المجتمعة (٣١) (٣٤)
جنس (٢٨)
متجاور (٢٦)
مجاز (٥١)
تجويز ظن (٤٤)
جوهر [vgl. S. xv Anm. 3] (٢١)
(٢٣) (٢٤) (٢٦) (٢٧) (٢٨)
جوهر = جسم (?) (٢٦) (٢٧) (٢٨)
جوهر واحد (٢٤)

ح

حجّة (٣)
حدّ (١) (٢٦) (٢٧)
محدود (٢٦)
حدث (٢٦)
(حادثة) حوادث (٢٦) (٢٨)
حدِث (٢٨)
حدوث (٢٦)
مُحْدَث (٢٥) (٢٨) (٢٩)
حقيقة (١٣) (٥١)
حقيقة المعنى (٤)
محكم (٥) (٨)
حلول الحوادث (٢٦)
محالّ الحوادث (٢٦)

خ

خبر (٣٦) (٣٧)
خبر الاحاد (٤٢) (٤٣)
خبر التواتر (٤٣)
تخريج (٨) (١١) (١٢) (٣٣) (٣٥)
مخالفة (٣٠)
مختلف (٣٠)
خلق الحوادث (٣٧)

د

تدبير (٥٠)
دلالة السمع (٤) (٥) (٤٠)
دلالة العقل (٤) (٥) (٤٠)

ر

ترتيب الفروع (٣)
رِضًى (٥٦) (٥٧)

س

سقيم (٣٤)
تسليم الالفاظ (٨)
سمع (٣٣)
سند (٣٦)
استواء (٣١)

ش

تشبيه (٢٩) (٣١) (٣٦)
مشبّهة (٦٨)
تشابه (٢٩) (٣٠)
متشابه القرآن (٣٣)
شىء مجتمع (٢١)

ص

صحة (٣٥)

صحيح (٣٤)

ض

إضافة (٧٣) (٧٦)

ط

طريق (٥) (٣٤)

طريق الاشتراك (١٩)

طرق النظر والمقاييس (٣)

ع

عادل (٣٢) (٣٣)

عدالة (٣٦) (٣٧) (٣٨)

تعطيل (٣٦) (٤٠) (٨٥)

عقل (٣٣)

عالب ظن (٤٤)

عِلْم (٣٥) (٤٢) (٥٠)

علم ضروى (١٧)

علم مكتسب (٤٣)

عمل (٣٥) (٤٢)

استعارة (٥٩)

عين (٣١)

غ

غرض (٢٣)

مغيّب (١٧) (١٨)

ف

فعلا وتحصيلا (٢٣)

فلانُ (!) (٥١) (٥٩)

مستفيض (٤٣)

ق

قِدَم (١) (٢٦) (٢٨)

قطع (١٧) (١٨) (٣٥) (٤٢) (٤٣) (٨١) (٨٣) (٨٤)

منقطع (٣٦)

تقليد (٨)

قائم بنفسه (٢١) (٢٢)

قياس (٥١)

ك

كتاب ناطق (٨٤)

ل

لغة (٤٠)

لون (٢٨)

م

متن (٣٦)

مماسّة (١) (٢٦) (٢٧)

متماسّ (٢٦)

ن

استنباط (٩)

(٣٥) نزول

(٨٠) (٥) (٨) تنزيل = تاويل (؟)

نصّ (٨٠)

نقل (٩) (٣٢) (٣٣) (٣٤) (٣٥)

نهاية (١) (٢٧)

تناهٍ (٣٦)

متناهٍ (٣٦)

ه

الهواجر (٧٠)

و

وثاقة (٣٣) (٣٨)

ثقة (٣٢) (٣٣)

وجه (٣١)

وجوه الاخبار (٩) (١٧)

توجيه (٨)

توقيف (١٦) (٨٠)

توهما وتقديرا (٢٣) (٢٤)

ى

يد (٣١)

يقين (٧٣)

NB. Zu جوهر usw. vergleiche jetzt auch O. Pretzl, *Die frühislamische Atomenlehre (Sitzungsb. d. Bayr. Akad. d. Wissensch., Phil.-hist. Abt.;* Jahrg. 1940. Heft. 4) S. 37 ff.

فهرست أسماء الرجال

	صفحة	سطر
ابرهيم	٣٣	١٢
...بن السيد مصطفى ابن السيد محمد الحسنى	٧	٨
ابن كوچك چلبى	٧	١٤
ابن المنقارى (GAL II 435.25)	٧	١٦
ابو الحسن بن مهدى	١٥	٤
ابو سلمة	٣٦	١٣
ابو المهزم	٢٣	١٦
ابو هريرة	٢٣	١٦
	٢٩	٥
	٣٢	٦
	٣٦	١٣
احمد	٧	١١
اسمعيل كوچل چلبى	٧	١٧
انس بن ملك	٢٦	٢
	٣٦	١١
الأوزاعىّ	١٢	٥، ١٤
البخارى	٧	٤
بكر بن عبد الله	٤١	9
البلخى	٢٦	٥
	٢٨	١٧
حماد	٢٣	١٦

	صفحة	سطر
سماك بن حرب	٢٩	٢
شريح	٣٣	١١، ١٢
شقيق	٣٣	١١
عبد الله بن مسعود	٣٣	١٣
عبد الله ساهر	٧	٩
ابو محمد عبد الملك بن الحسن الصعلى	٨	١٤
عكرمة	٢٣	١٠، ١١
عيسى ابن محمد الكردى	٨	١١
قتادة	٣٦	١١
لقتيبى: عبد الله بن مسلم القتيبى	١٥	٣
ابو بكر محمد بن الحسن بن فورك الاصبهانى	٧	٤. ١٣. ٢٠
	٨	٥. ١٠. ١٥
ابو بكر محمد بن عبد الله ابن العربى المعافرى (GAL I 412 u. S.)	٧	١٢
محمد بن شجاع الثلجى	١٥	٣
مخلوب المؤدب بن عثمان المؤدب الوانى	٧	٦
النجار	٢٦	٧
مولوى	٧	١٨
النعمان بن بشير	٢٩	٢

فهرست آيات القرآن

سورة	ص	س
٢، ١٩٤ (١٩٠)	٣٣	٧
٢، ٢٥٥ (٢٥٦)	٢١	١٠
٢، ٢٦٩ (٢٧٢)	١٢	١٢
٣، ٧ (٥)	١٢	١١، ١٢
	١٣	١١
	٣٩	٥
٦، ٣ (٣)	٢٦	٧ . ١١
٦، ١٨ (١٨)	٢٧	٦
٦، ٦١ (٦١)	٢٧	٦
٩، ٢ (٢)	٢٧	٣
٩، ١٢٠ (١١٩)	٣٠	٧
١٠، ٢٢ (٢٣)	٢٩	٩
١٠، ٢٧ (٢٨)	٣٣	٧
١١، ١٠ (١٣)	٢٩	١٢
١٥، ٢٢ (٢٢)	٣٥	٣
١٦، ٥٠ (٥٢)	٢٧	٦
١٦، ١١٢ (١١٣)	٣١	١
٢٠، ٧١ (٧٤)	٢٧	٣

سورة	ص	س
٢١، ٩١ (٩١)	٣٦	١٠
٢٨، ٧٦ (٧٦)	٢٩	١١
٣٠، ٣٢ (٣١)	٢٩	١٥
٣٣، ٩ (٩)	٣٤	١٥
٣٣، ٥٧ (٥٧)	٣٣	٩
٣٧، ١٢ (١٢)	٣٣	٣
٣٨، ٤ . ٥ (٣ . ٤)	٣٣	٤
٣٨، ٧٢ (٧٢)	٣٦	١٠
٤٣، ٥٥ (٥٥)	٣٣	١٠
٤٣، ٨٤ (٨٤)	٢٦	٦
	٢٧	٧
٥٠، ٢ (٢)	٣٣	٤
٥٧، ٢٣ (٢٣)	٢٩	١١
٥٨، ١١ (١٢)	١٤	٨
٥٩، ٩ (٩)	٣٢	١٠
٦٧، ١٦ (١٦)	٢٧	٤
	٢٨	٦